Mai Oltra

51
KILOS
MENOS

© Mai Oltra, 2018
© Arcopress, S.L., 2018

Primera edición: noviembre, 2018
Primera reimpresión: noviembre, 2018

Estilo de vida • Editorial Arcopress
Directora editorial: Isabel Blasco
Diseño y maquetación: Teresa Sánchez-Ocaña
Corrección: Maika Cano
Fotografías de cubierta: Albert Torras

Imprime: Gráficas La Paz
ISBN: 978-84-17057-51-0
Depósito Legal: CO-1806-2018
Hecho e impreso en España - *Made and printed in Spain*

A Albert.
A mi hermano,
a mi madre
y a mi padre,
allá donde esté.

ÍNDICE

INTRODUCCIÓN

Si estás aquí puede que sea por dos cosas, porque conozcas mi historia o porque el título de este libro te ha llamado suficientemente la atención como para que decidas llevártelo.

Lo primero que debes saber es que aquí no vas a encontrar una dieta que va a hacer que pierdas peso de forma rápida y sin esfuerzo. Y no la vas a encontrar no porque no te la quiera decir y quiera guardarme el secreto, no te la voy a decir porque no existe. Todo lo que necesitas lo tienes dentro y a tu alrededor.

En cualquier caso, déjame que te cuente algunas cosas de mí para que entiendas un poco más de qué va todo esto.

Me llamo Mai, soy fotógrafa y hace casi tres años decidí que era el momento de comenzar a quererme y cuidarme bien. Hace dos años pesaba 114 kg midiendo 1,62 cm. Hoy, 51 kilos menos, y sigo midiendo lo mismo.

Durante estos dos años he tratado de aprender a comer, a tener una buena relación con la comida y a enamorarme del deporte. Esos dos han sido los factores claves de todo el proceso, aparte de un largo camino de autoconocimiento que ha sido, sin duda, la parte más complicada de todo esto.

Ser capaz de alimentarme bien y hacer deporte dependen de la disciplina y la constancia, pero «trabajarme» lo que me ha llevado a comer compulsivamente y tener una mala relación con la comida, ha sido lo verdaderamente difícil. Sufro (aunque cada vez me gusta menos decir que «sufro», porque si bien antes sí era un sufrimiento, hoy en día no lo es) un TCA (Trastono de la Conducta Alimentaria) llamado «Trastorno por atracón -1-». ¿Qué quiere decir esto?

Quiere decir que tengo un trastorno de alimentación que me lleva a comer de una forma compulsiva sin presentar bulimia. Es decir, comer de forma exagerada sin vomitar ni utilizar ningún método de compensación.

Tengo sobrepeso desde que tengo uso de razón. Siempre he estado por encima de mi peso de una forma moderada, pero recuerdo que sobre los nueve años comencé a engordar más. Si bien es cierto que con diecisiete años perdí muchos kilos (que luego recuperé) siempre he tendido al sobrepeso, y después a la obesidad.

No tengo consciencia de cuándo comenzó exactamente esta situación, pero el primer recuerdo que tengo de refugiarme en la comida es de cuando tenía ocho años y me escondía en la despensa a darme un atracón, para que me doliera la tripa y así no ir al día siguiente a la escuela.

Sí, no quería ir a la escuela, no quería ir porque en el colegio me hacían *bullying* por el simple hecho de ser gorda. Es cierto que tenía sobrepeso, pero eso jamás justifica el acoso.

Entonces pesaba lo mismo que peso ahora con treinta años, para que te hagas una idea. Ese aspecto era el que seguramente me provocaba el comer a escondidas por la ansiedad que sentía al tener que ir a clase.

No recuerdo donde nació todo esto, pero sí recuerdo claramente ese momento. Siempre he comido a escondidas, desde los ocho hasta los veintisiete años, cuando se lo confesé a mi pareja y lo dije por primera vez en voz alta. Nunca antes se lo había contado a nadie, ni a médicos o psicólogos, y créeme cuando te digo que he ido a muchos especialistas.

Realmente este fue un primer paso increíble. En ese momento yo ya había adelgazado 40 kilos y hacía algún tiempo que no me daba ningún atracón, pero ese día sentí que era muy posible que pudiera pasar y, por primera vez, pedí ayuda para frenar el impulso de comer compulsivamente.

Nunca me habían diagnosticado, ni nadie me había dicho, que lo que me sucedía tenía nombre. Simplemente pensaba que era algo «normal», ya que como he dicho antes, comía compulsivamente desde que tengo uso de razón.

Antes de nada, me gustaría decirte que lo que vas a leer aquí soy yo a pecho abierto. Hay cosas que nunca he dicho a nadie, y en el proceso de escritura de este libro, he sentido en algunos momentos un dolor muy intenso, pero también mucha libertad y felicidad. Para mí esto es un antes y un después en toda regla.

Hay cosas que no he contado nunca, palabras que jamás he dicho en voz alta y que al ponerlas por escrito se han vuelto reales. Mientras escribía este libro he pasado por muchas fases, he borrado todo y he sentido que no podía contarlo, he contado verdades a medias y he sentido que nada de esto tenía sentido. He escrito párrafos que no he sido capaz de releer porque me hacía mucho daño recordar. Pero también me ha servido para conocerme mucho más, para reencontrarme y para darme cuenta de que después de todo, todas las cosas buenas y malas que me han pasado me han traído hasta el momento exacto en el que estoy ahora, hasta el punto luminoso en el que me siento ahora, donde soy capaz de vez la sombra, abrazar, hacerla mía y reconocerme con ella.

Ya no quiero huir más de mí misma. Solo quiero abrazarme, porque sé que todo va a estar bien.

Pero comencemos por el principio, que estoy llegando casi al final de la historia y estoy segura de que quieres que te cuente cómo he llegado a adelgazar 51 kg solo con una dieta equilibrada, deporte y escuchándome.

TOMA LA DECISIÓN POR TI MISMA

El 18 de septiembre de 2015 pedí cita con mi médico de cabecera y fui a decirle que ya no podía más. Que no era feliz con mi peso, que me estaba quitando calidad de vida y que necesitaba ayuda. Bueno, en realidad la cita la pedí mucho antes, pero la cambié ocho veces antes de ir definitivamente. ¿Por qué? Porque me daba miedo saber a qué me iba a enfrentar.

Hacía meses que había dejado de pesarme pero sabía, sin duda, que estaba llegando a mi peso máximo. Me fatigaba andando, apenas podía subir a mi casa —vivo en un 4º sin ascensor—, y ya no hablemos de hacer alguna actividad física.

Llegué a la consulta del doctor y lo primero que hice fue echarme a llorar. El médico no entendió muy bien qué me ocurría, pero cuando terminé de llorar entendió que lo que me pasaba es que necesitaba ayuda. Tenía obesidad mórbida tipo III y un IMC de 45,5%, lo que significa que casi la mitad de mi cuerpo era grasa.

Sinceramente, creo que he tenido suerte con los profesionales que me han ayudado en este momento de mi vida. No os engaño si os digo que he ido a infinidad de médicos, nutricionistas, endocrinos y gente de dudosa reputación en mi camino para perder peso.

Mis padres siempre me han llevado a buenos profesionales, pero era algo que hacía por los demás. Lo hacía por mis padres, lo hacía por una sociedad en la que sentía que no encajaba, lo hacía por gustar a algún chico, o simplemente lo hacía porque odiaba mi cuerpo, lo que representaba y cómo me hacía sentir.

Una de las claves de que este proceso haya salido bien es que esta vez lo estaba haciendo por mí misma. Había tomado la decisión de regalarme salud, de regalarme vida. De hacer, por una vez, que la comida no dirigiera mi vida.

Te he dicho que en este viaje definitivo he tenido suerte con los profesionales que me han acompañado, pero no siempre ha sido así. En todos mis intentos de perder peso me encontré con muchos con los que no tuve tanta suerte, como estoy segura de también te habrá pasado a ti. Recuerdo una en concreto que cuando entré en la consulta me dijo: «Ya no hay nada que hacer contigo». Es increíblemente duro que una profesional bien cualificada (en su caso, además, era una endocrina con muy buena reputación) te diga eso simplemente al mirarte, sin leer tu historial, sin absolutamente nada más. De hecho, ahora con el tiempo, me doy cuenta de que, si esta doctora hubiera indagado un poco más, creo que ahí ya podrían haberme diagnosticado el TCA, porque en ese momento estaba en mi peso máximo y muy desesperada. También pienso ahora que aquel no era mi momento, que todo lo que he pasado, todo el periplo de médicos fallidos y todo lo demás, me tenían que llevar al momento que vivo ahora.

En cualquier caso, esta vez mi médico me mandó con el enfermero del centro de salud, Alex. ¡Y en qué hora me mandó con él! Alex es una parte fundamental de mi proceso, me ha apoyado, animado y entendido tan bien que siempre me he sentido infinitamente acompañada. Conseguimos crear un vínculo muy bonito en el que yo no me sentía juzgada por mi peso y no sentía que iba a fallar.

¿Os suena eso tan típico que sucede tantas veces cuando algunos médicos —no todos, por suerte— achacan todo lo que te pasa, sea lo que sea, a tu peso?

—Doctor, estoy resfriada.
—Si pierdes peso se te pasará.
—Doctor, me duele la espalda.
—Si pierdes peso se te pasará.
—Bueno, es que trabajo picando piedra.
—He dicho que si pierdes peso se te pasará.

Este último ejemplo es exagerado, pero, ¿a que entiendes lo que quiero decir? Pues tanto con mi médico como con mi maravilloso enfermero nunca me sentí así. Ellos hicieron que por una vez en la vida lo viera posible. Más adelante explicaré con más detalle un «truco» para que el proceso fuera más fácil. Bueno, un poco más fácil.

Digo que he tenido suerte porque sé que esto no es lo habitual, pero también porque dejé de hacer responsables a otras personas de mis obligaciones y responsabilidades. Alex me dio las pautas y me acompañó, pero la perseverancia y la responsabilidad eran únicamente mías. Asumir esto también ha sido clave en todo el proceso.

No sabía si esta vez iba a ser la definitiva, si sería otro intento, no sabía nada, y en realidad eso ha acabado siendo bueno: dejar de poner expectativas en todo lo que hago ha hecho que la ansiedad se reduzca muchísimo. Si lo consigo, genial, si no, no pasa nada, cada día tengo una nueva oportunidad de intentarlo.

Ejercicio

¿QUÉ ES LO QUE QUIERO?

Es el momento de ser honesta contigo misma. Te animo a que escribas aquí abajo qué es lo que quieres, cuáles son tus objetivos. Escríbelos, los que sean, pero que sientas dentro.

Por ejemplo:

Quiero tener una vida más saludable, equilibrada y ser capaz de adelgazar esos kilos que me sobran.

¿Qué es lo que quiero?*

*Es importante que dejes un espacio para que cuando acabes de leerte el libro vuelvas aquí a releer lo que has escrito y puedas añadir, corregir o modificar lo que creas conveniente.

DEJA DE PONER EXCUSAS

Salí de la consulta con una dieta tipo mediterránea hipocalórica, la misma que te darían a ti y que seguramente te habrán dado muchas veces, pero esta vez algo había cambiado dentro de mí, lo sentía.

Decidimos que esa dieta sería la base pero que tenía libertad para cocinar. Lo bueno de llevar media vida a dieta es que tengo mucha consciencia real de los alimentos que son buenos para perder peso y cuáles hay que evitar a toda costa.

Alex siempre me dio mucha libertad, y «caña, mucha caña». Recuerdo que cuando entré a su consulta me dijo literalmente: «Si vienes a hacerme perder el tiempo, mejor que te vayas». Y yo me quedé, me quedé porque a mí la gente que dice las cosas así me roba el corazón y porque no había ido a perder el tiempo, había ido a coger las riendas de mi vida. Alex siempre se enfada cuando cuento esta parte de la historia, pero lo que él no sabe es que yo, en ese momento, necesitaba que me lo dijera así de claro. Para nada fue borde ni desagradable, simplemente me dio a entender que él se iba a implicar a tope si yo también lo hacía, y vaya si lo hicimos.

Así que estamos a 18 de septiembre de 2015 y ya no hay más «el lunes empiezo». Ese fue el lunes del resto de mi vida.

ESE FUE EL LUNES DEL RESTO DE MI VIDA

Tenía una dieta muy estricta y la indicación de hacer deporte como mínimo tres días a la semana media hora.

Recuerdo que camino de mi casa me senté en un banco y estuve media hora pensando en lo que había pasado y en cómo quería que mi vida cambiara.

Me dije a mí misma que tenía que intentarlo, que había algo dentro de mí que no me dejaba ser feliz, que me dolía... realmente estaba dejando de sentirme yo misma.

Ese verano había ido de vacaciones a Comillas con mi amiga Milena y en un momento dado quise ponerme un bikini para ir a la playa. Me lo puse, sí. Me miré en el espejo y me eché a llorar. No por lo que veía, ni mucho menos. Sentirse guapa y *sexy* no depende del peso que tengas, yo me he sentido muy *sexy* estando gorda y muy fea estando delgada. Esto es algo que está en nuestra cabeza, y bueno, en la sociedad, pero digamos que dejé de encontrarme, dejé de escucharme. ¿Realmente lo había hecho alguna vez? Esta es una pregunta que ahora me hago mucho.

Y dejé de verme en el espejo. Aquello me dolió, fue una bofetada de realidad. No veía nada malo en mi cuerpo, pero no me encontraba.

La cuestión es que ese día yo sentí que algo cambiaba dentro de mí. Ese verano fue muy importante, me reconcilié con mi cuerpo con una sesión de fotos preciosa que me hizo Mile. Y me vi bella, *sexy* y poderosa por primera vez, me amé profundamente, y supe que el movimiento se demuestra andando y si quería encontrarme y cambiar algo tendría que ser desde el amor a mi cuerpo, desde un «no quiero más estar aquí, no por mi cuerpo, si no por cómo me siento».

Pero vuelvo al día del inicio de todo. Salí del médico y cuando llegué a casa hablé con Albert y le dije cómo me había ido y que necesitaba su ayuda si quería que esta fuera la definitiva.

En ese momento aún pensaba que el proceso pasaba por hacer dieta y no en cambiar mi estilo de vida y mi forma de relacionarme con la comida, con el deporte y con la forma que tenía de verme a mí misma. Ciertamente ahora estoy muy concienciada con el cambio. La decisión me llevó a asumir otra forma de relacionarme con la comida, conmigo misma y con la sociedad. Pero eso tardó en llegar… yo fui allí buscando una dieta que me hiciera perder los 50 kilos que me sobraban.

El primer paso fue dejar de ponerme excusas. Como te explicaba antes, pedí y cancelé esa visita ocho veces antes de ir. «Hoy no puedo, tengo mucho trabajo», «mejor la semana que viene, esta semana tengo un cumpleaños y ¿cómo voy a ir y pasar el mal trago de decir que estoy a dieta?», «quizá debería esperarme unas semanas a no tener tanto estrés», y así, todas las excusas que se me iban ocurriendo. Dos meses poniéndome excusas para no afrontar lo que estaba pasando en mi vida desde hacía tanto tiempo. La comida y todo lo que giraba en torno a ella estaban dirigiendo mi vida y mis emociones.

EL PRIMER PASO FUE DEJAR DE PONERME EXCUSAS

Ejercicio

¿QUÉ EXCUSAS ME PONGO?

Este ejercicio me gusta mucho porque desmonta mis creencias. Personalmente me gusta mucho desmontarme para volver a construirme de una forma más ordenada y feliz.

Como te he explicado arriba, cambié la visita ocho veces antes de ponerme en manos de profesionales, porque tenía mucho trabajo, porque no era el momento, por miedo... Pero es importante saber cuándo es real y cuándo es una excusa más.

¿Tenía mucho trabajo?

Sí.

¿El trabajo me impedía llevar una dieta equilibrada?

No.

¿Entonces por qué utilizaba esa excusa?

LA COMIDA DIRIGÍA MI VIDA

Me despertaba pensando en el desayuno, desayunaba pensando en la comida, comía pensando en la merienda y así sucesivamente. Si tenía un mal día, cenábamos una *pizza*, «porque me lo merezco después de un día de mierda»: si había tenido un buen día cenábamos nachos, «porque me lo merezco después del super día que he tenido». Y no solo eso, no solo celebraba comiendo, también si tenía estrés laboral acababa recurriendo a la comida. Cualquier tipo de emoción empezaba y terminaba comiendo. Pero te aseguro una cosa, nunca, en veintisiete años me había dado cuenta, jamás había sido consciente de esto, hasta que un día, cuando ya había perdido varios kilos, tuve un muy mal día y de repente me vi a mí misma bajando al supermercado a comprar comida basura como para hacer un cumpleaños de quince niños.

Bueno, no, en realidad fui consciente cuando me vi sentada en el sofá comiendo patatas fritas mientras lloraba y llamaba a mi pareja para contárselo. Aquí tengo que decir que entonces llevábamos juntos siete años y nunca le había contado que tenía este problema. Ese fue mi último atracón emocional hasta el día de hoy. En ese momento me di cuenta de que tenía un problema del que no era consciente y que me había acompañado durante muchos, muchos años, de mi vida.

Mi estado de ánimo variaba dependiendo de dónde comiera, de si me veían comer, de si tendríamos comida en casa... lo prometo, toda mi vida giraba en torno a lo que comía o comería. Siempre a escondidas, eso sí.

Si le preguntas a alguien que estuviera en mi vida hace seis o siete años os dirá que jamás me vio comer compulsivamente, que cuando salíamos a cenar a una pizzería yo comía ensalada, que si iba al cine nunca comía palomitas, nunca comía golosinas...

La realidad es que muchas personas me decían: «Verdaderamente tienes que tener alguna alteración hormonal, porque con lo poquito que comes no entendemos que estés tan gorda». Y yo, pues les daba la razón, porque en mi día a día no comía mal, siempre nos ha gustado mucho la verdura y en general comíamos sano. Por suerte, en mi casa, en todas las comidas había ensalada y nos han enseñado a comer de todo. Siempre he comido de una forma muy equilibrada, a excepción de los atracones, porque yo no le encontraba placer a comerme un kilo de ensalada, se lo encontraba a comerme un kilo de pasta con tomate, dos *pizzas*, una bolsa de patatas...

Después, lo que ocurría era bien distinto. Dos o tres veces a la semana (según la temporada, podía ser mucho menos o mucho más) me daba un atracón sola en casa. La rutina era sencilla, gastarme 10 o 15 € en comida basura, cocinarlo (en el caso que se tuviera que cocinar, claro) y comérmelo rápido, tirarlo a la basura y bajarla para que mi pareja no lo encontrara. Si, además, con lo que había comprado no tenía suficiente, comía cualquier cosa que tuviera en casa y la reponía para que él no se diera cuenta. Ojo, estoy hablando de atracones de entre 5.000 kcal y 10.000 kcal.

Una cosa muy importante para mí hoy en día es reconocer que estoy saciada. Más adelante te explico algunos trucos para reconocer el hambre real de la emocional, pero para mí, en ese momento en que el hambre se difuminaba en un montón de emociones, no comía hasta estar llena, no, nunca estaba llena, si paraba de comer era porque filosóficamente estaba tan llena que tenía dolor de estómago real. Dolor de verdad.

Sin darme cuenta he vivido muchos años dejando que la comida decidiera muchas de las cosas que hacía, desde ir por esa calle o por la otra para entrar en un súper, pedir comida a domicilio... Recuerdo algo que hacía muchas veces: iba al súper y compraba como si fuera a dar «una fiesta de comida basura», pero hasta el punto de explicarle a la cajera algo inventado para que realmente no pensara que me iba a comer todo eso yo sola.

Bueno, ahora que lo pienso, dudo mucho que ninguna persona creyese que yo era capaz de comerme toda aquella comida, pero me daba tantísima vergüenza que pudieran sospecharlo que prefería inventarme una mentira a sufrir el mal trago de pasar por la caja del súper con suficiente chocolate como para alimentar a una clase de preescolar.

Después de hacer todo eso, supongo que imaginas lo que venía a continuación. La rabia, el odio, los reproches hacia mí misma: «¿Por qué lo he hecho? ¿No soy capaz de aguantar? No valgo nada, no tengo fuerza de voluntad, ojalá pudiese vomitar... Y un sinfín de palabras más que dolían y que también utilizaba para hacerme daño.

Es triste pero no recuerdo hablarme con amor y respeto hasta hace bien poco. Pues imaginaros lo que es utilizar la comida, los atracones y el autodesprecio de forma sistemática para no sentir emociones (dolorosas en general) durante casi veinte años. ¡Es que para mí era lo más normal del mundo! Intuía que algo no estaba bien porque cuando haces las cosas a escondidas y en silencio es porque sabes que algo no está bien.... pero eso lo cuento en el próximo capítulo.

SI NO LO DICES, NO ESTÁ PASANDO

Realmente, pienso que los trastornos de alimentación son enfermedades muy solitarias, te acostumbras a hacerlo todo sola. Creo que nunca nadie me ha visto comer compulsivamente, durante los más de dieciocho años que lo hice siempre fue sola. Sentí muchísimo descanso cuando se lo conté a mi pareja. ¿No dicen que el primer paso para reconocer un problema es decirlo en voz alta? Pues para mí decirlo por primera vez fue una liberación, en realidad fue tan liberador que desde que se lo dije no he vuelto a hacerlo. He sentido el impulso, es cierto, pero no lo he vuelto a hacer. He aprendido a controlarlo. Cuando lo conté, tomé conciencia de que era un problema real. La tónica de mi atracón, como dije antes, era gastarme algunos euros en comida basura, tirarlo y bajar la bolsa al contenedor para que mi pareja no viera los envoltorios. No era capaz de imaginarme dándole una explicación de por qué me acababa de comer dos paquetes de patatas, unos Donetes y una bolsa de cacahuetes garrapiñados. ¿Cómo iba a justificar haberme tomado toda esa comida?

Así que lo hacía a escondidas, pero es que, además, cuando cenábamos teníamos una conversación incómoda ya que Albert se preocupaba porque yo comía poco en la cena (¿cómo no hacerlo si quizá me había comido 2 kilos de comida en total?). Él me decía que no quería que hiciera ninguna tontería con la comida, cuando en realidad hacía años que estaba haciendo el «tonto» con ella.

Me gustaría desde aquí pedirle perdón por no haber sido capaz de contarle antes la verdad y dejarme ayudar por él. Pero me entenderás cuando te digo que para mí era imposible decirlo en voz alta. Con el tiempo —y mucha terapia— he sabido porqué me he comportado así, pero durante mucho tiempo, lo natural, lo normal, era ocultarlo.

Cuando por fin lo dije en voz alta comencé a darme cuenta de lo absurdo que era creer que comerme un paquete de patatas haría que tuviese menos estrés por el trabajo. ¿Suena tonto verdad? Estoy segura de que sabes de qué estoy hablando.

Recuerdo la sensación de paz, de calma, que sentía justo después del atracón, cuando todos los sentimientos que te revolotean dentro son negativos, dolorosos o malos... sentir esa calma, sentirme llena, aunque fuera solo durante cinco minutos, porque luego todo eso se convertiría en autodesprecio, hacía que me agarrara fuertemente a esos cinco minutos de felicidad velada. Yo comía para no sentir, para no sentir ansiedad, para no sentir dolor, rabia, frustración... comía porque no podía mostrar mis emociones. Ahora pienso que lo que me estaba comiendo eran mis emociones; era mucho más fácil eso que escucharme, sin duda.

Sé que no se trata solo de comer, sino de tapar emociones para que ellas no nos coman a nosotros. Literalmente sentía que si no comía, la ansiedad me rodearía y me comería a mí.

Lo peor de todo es que después del atracón venía algo mucho peor. Es cierto que, durante los años de anestesia emocional, la comida era un refugio maravilloso; me hacía sentir mejor al momento y si esta ingesta la prolongabas durante mucho tiempo, se convertía en un estado en el que solo pensabas en comer y en dejar de sentir.

En mi caso, ese sentimiento se difuminaba pronto. Después del atracón venía la culpa, la vergüenza (de ahí que bajara la bolsa al contenedor) y, sobre todo, llegaba la compensación: al día siguiente podía estar 12/15 horas sin comer nada. Que pasara eso me parecía lo lógico, pero no era más que otra herramienta para hacerme daño. Personalmente creo que el ayuno no es negativo para el cuerpo, pero si lo utilizas como método de compensación o para hacerte daño, sí es un problema. Hay personas que para compensar hacen mucho deporte, otras se purgan... existen tantas maneras de hacerse daño que se me encoge el corazón de pensarlo.

Quiero confesarte algo. Algunas veces he sentido rabia de mí misma de no ser capaz de vomitar la comida. ¡Así de duro es este trastorno! Lloraba pensando en por qué no era capaz de meterme los dedos y vomitar; así podría darme los atracones, seguir comiendo y no engordar. Es duro, ¿verdad? Pues utilizaba este pensamiento para hacerme daño: «Ni tan siquiera eres capaz de vomitar, ¡patética!». Por suerte nunca fui capaz, no sé dónde estaría ahora si al trastorno por atracón le hubiera sumado una bulimia.

No comía hasta estar saciada, comía hasta que el cuerpo me dolía, y si esto no hubiera pasado, seguramente la ingesta de calorías hubiera sido mucho mayor.

Recuerdo también que, si no tenía el control de lo que tenía planeado comer, me ponía de muy mal humor, y era capaz de mentirle a mi pareja para ir yo sola al supermercado y tener la opción de comprar la comida que quisiera y comérmela o esconderla para más tarde.

He llegado a estar de vacaciones y levantarme cuando ya estaban todos durmiendo para comer a escondidas, he llegado a decir, estando en una casa ajena, que mis gatos se habían comido la comida, he llegado a justificar gastos en comida para atracarme diciendo que había perdido el dinero en el bus... y un sinfín más de mentiras que ahora me avergüenzan profundamente.

La cuestión es que me he pasado así dieciocho años de mi vida y solo hace un par de ellos que lo hablo con naturalidad. No es que lleve una camiseta (aunque tampoco sería mala idea) pero no tengo miedo a hablarlo, no tengo miedo a pedirle a alguna amiga que no vayamos de determinados sitios donde la comida me dispara la ansiedad y, sobre todo, no tengo miedo de hablarlo con mi familia. Jamás les dije nada; se lo conté antes a mi pareja que a mi madre o a mi hermano, así que desde aquí les quiero pedir perdón también porque seguramente mi trastorno haya hecho que no siempre los tratara como se merecen o los pusiera en situaciones poco agradables. Gracias por comprenderme tan bien, por no juzgarme y por no echarme nada en cara.

No me avergüenzo de quién era, pero sí de haber mentido a las personas que quiero. Y eso es algo que estoy aprendiendo también: a perdonarme, a pedir perdón y a asumir que esas mentiras forman parte de mi pasado. ¿Y sabes por qué estoy dejando de culparme? Porque creo que la culpa te deja sin opciones, creo que vivir pensado en todo lo que hice «mal» no me va a ayudar a avanzar en la vida.

Hace poco leí que la depresión y la ansiedad están relacionadas con cómo vives, es decir, si tienes depresión es que vives en el pasado y si tienes ansiedad es porque estás viviendo en el futuro.

Yo no sé si esta afirmación es cierta o no, y seguramente me la pueden rebatir de mil maneras. Aunque a mí las afirmaciones categóricas no me gustan y creo que en la vida confluyen todos los matices del blanco y el negro, en mi caso sí que creo que esa afirmación tiene un poco de verdad. Si me paro a pensar en cómo era, en mis errores, siento una profunda tristeza y acabo castigándome por no haber hecho las cosas «bien», aunque quizá en ese momento era todo lo bien que podía hacerlas. En cualquier caso, he pedido perdón a las personas que me importan por haberles mentido cuando estaba dentro del bucle de los atracones y he decidido avanzar, porque si no, podría estar revolviéndome en mi culpabilidad... y la verdad, no quiero, necesito cerrar esos sentimientos para avanzar.

Te recomiendo que si estás pasando por algo así, si algo de lo que digo te resuena dentro, te remueve, que pares un minuto de leer y te preguntes dónde estás. Háblalo, pide ayuda, no hay nada malo en lo que te está pasando. Bueno, sí hay algo malo, algo muy importante: que te estás haciendo daño y nadie más que tú puede dejar de hacértelo. Sé que es muy difícil decir algunas cosas en voz alta, pero si no puedes hacerlo, escríbelo. A mí también se me quedan muchas palabras colgadas de la garganta: antes pensaba que con la comida bajarían, ahora me doy cuenta de que lo único que hacía la comida es hacer tapón.

Este libro es una forma de decir muchas cosas que aún no soy capaz de decir en voz alta, pero no pasa nada, todos tenemos unos tiempos y yo sé que he dado unos pasos hacia adelante que nadie me puede quitar ya. El trastorno está presente, forma parte de quién soy y nunca más me avergonzaré de él. Nunca más dejaré que llene la habitación de mentiras y silencio. Y pensar así, y aunque algún día pueda volver a recaer, es lo mejor que he sacado de este proceso. La gente cree que lo mejor que he sacado es haber sido capaz de perder 51 kg, y es cierto, digamos que como resultado está increíblemente bien. Algunas veces se me olvida hasta dónde he llegado con el peso, pero se me olvida porque lo realmente importante es lo que ha hecho *clic* dentro de mí, ese cambio que está consiguiendo que yo misma deje de ser mi peor enemiga. Ahora siento que este es mi verdadero logro.

HAZTE RESPONSABLE DE TUS ACTOS, NADIE VENDRÁ A CERRARTE LA NEVERA

Lo primero que te quiero decir es que nadie va a hacer nada por ti, en serio, nadie vendrá y te cerrará la nevera justo antes de un atracón, nadie te dirá que lo que estás haciendo en realidad es una forma de autolesión. Bueno, sí te lo dirán, pero tú creerás que están atacándote, que no te entienden, que para poderte hablar de cómo deberías relacionarte con la comida ellos deberían pasar «un día en tus zapatos», que el estrés, los problemas y toda la carga que llevas en tu mochila de emociones solo la conoces tú, y que ¡la comida te ayuda, te hace sentirte mejor!

Te repetirás esto como un mantra, o no, quizá solo me lo repetía yo, pero el tiempo y muchas personas que me han ido contando su proceso me han explicado casi palabra por palabra las mismas cosas que yo me decía.

Realmente suena al discurso que haría un drogadicto, ¿verdad? Un día, un médico me dijo que las personas que tenemos este trastorno, esta adicción a la comida, tenemos una de las adicciones más complicadas, ya que si tomas cocaína, lo primero que te recomiendan es salir del círculo de consumo, pero ¿cómo narices salgo yo de ese círculo si tengo que comer cinco veces al día?

Nunca me lo había planteado así, y fue una comparación dura de asimilar.

Ahora leo esto y me doy cuenta de la cantidad de veces que alguien ha querido ayudarme y yo he sentido que me atacaban, que en realidad lo que les molestaba es que estuviera gorda y no mi salud. Y es verdad, hay mucha gente que es «gordofóbica», mucha, muchísimo imbécil suelto… pero luego hay gente que te quiere y que sufre viéndote así. Pero, aun así, estas personas no pueden ayudarte, la única que puede hacerlo eres tú. Pide ayuda, sí, pero tú eres responsable de tus actos, aunque no tienes por qué hacerlo sola. No vas a ser peor persona ni vas a entrar más tarde en el cielo porque no puedas tú sola con una carga tan pesada.

TÚ ERES RESPONSABLE DE TUS ACTOS

Pero ponte en marcha, haz algo ya, ahora… que no hayan más «el lunes empiezo». Todo esto son excusas, ya lo sabes.

Si realmente sientes que ya no puedes más, haz algo para cambiarlo, toma una decisión y sé fiel a lo que sientes. Siempre digo que el primer paso es tener consciencia de lo que estás pasando, decirlo en voz alta, hacerlo real... entonces, y solo entonces, podrás comenzar a enfrentarte a todo esto.

Sé que suena crudo, incluso un poco difícil, pero tu proceso es tuyo y nadie puede ayudarte a frenar el impulso, nadie tiene que ser tu policía de la comida. Es importante que sepas que tienes que aprender a dominar el impulso, no estás solo/a, pero las buenas (o malas decisiones) solo puedes tomarlas tú, y tienes que asumir que la responsabilidad es tuya. Yo ahora explico esto centrado en el momento del atracón, pero es absolutamente extrapolable a querer perder peso sin necesidad de tener ningún trastorno ni ninguna enfermedad. Si quieres perder peso porque no te sientes a gusto con el peso que tienes es exactamente igual: tienes que hacerte responsable de las decisiones que tomas, de lo que escoges comer en cada momento y por qué lo haces.

Como te he dicho antes, cuando comencé el proceso aún no tenía detectado como tal el trastorno por atracón: para mí era algo natural sufrirlo, no lo consideraba una conducta enfermiza, así que lo que me llevó a ser capaz de perder peso fue ser responsable de lo que comía sin excusarme en los demás.

Yo sabía que a mí no me iba bien cenarme diez *nuggets* de pollo, porque no hace falta estar gordo para saber que no es la cena más saludable del mundo, pero yo los cocinaba y me decía: «A Albert le gustan, qué egoísta sería por mi parte si no los hiciera solo porque a mí no me van bien, los hago y como pocos». Hacía responsable a mi pareja cuando al final la decisión era solo mía. No sé si estás viendo la cantidad de mentiras y excusas que hay en esa frase, pero, sobre todo, lo que esconden es una gran falta de responsabilidad.

Y conozco más ejemplos que las chicas me han contado que ellas han utilizado como excusa. Y estoy segura de que alguno te va a sonar.

Por ejemplo, hace poco, una amiga que tiene hijos y una seria adicción a la comida, me digo que ella tenía el problema de ser una «mamá basura», es decir, que todo lo que sus hijos no se comían se lo comía ella. Sus planteamientos eran: «¿Cómo voy a tirar la comida que preparo para mis hijos?», «Es que no voy a tirar media salchicha que se ha dejado la niña», «¿Qué mal me va a hacer terminarme las natillas que se ha dejado el niño?, es que solo le ha dado una cucharada». A ella le ha costado años darse cuenta de que no tenía que tirar esa comida ni comérsela a escondidas, perfectamente podía haberla guardado para sacarla después en otra de las comidas. Lo más fuerte, sin duda, fue un día cuando, hablando del tema, yo le comenté que, si siempre les sobraba comida a los niños, quizá es que estaba cocinando de más. En ese momento se enfadó mucho conmigo, yo no lo entendí muy bien, pero le di el tiempo y espacio que necesitó. Y pasadas unas semanas me propuso tomar un café. Cuando nos sentamos lo primero que hizo fue pedirme disculpas por la reacción desmedida, yo no la estaba juzgando, pero ella sintió que sí. La cuestión es que, entre lágrimas, me confesó que se había dado cuenta de que verdaderamente estaba cocinando de más para tener la excusa de poder comerse las sobras; que ella sabía demasiado bien que su hija solo se comía una salchicha, pero ella cocinaba tres, y que a su hijo no le gustaba comer postre, y aún así ella compraba las natillas y se las ofrecía, sabiendo que a la segunda cucharada el niño ya no querría comer más y ella «tendría» que terminárselo.

Ese día hablamos mucho sobre todo eso, porque ella, sin saberlo, había dado un paso increíble, lo había verbalizado por primera vez en su vida, ya no era solo una excusa, unas palabras para autoconvencerse en su cabeza, me lo había contado y ya era una realidad.

LA RESPONSABILIDAD ES ÚNICAMENTE TUYA

Por eso te repito que la responsabilidad es únicamente tuya, pero enfrentarse a ella no es fácil, así que si no puedes...

PIDE AYUDA

Lo he escrito creo que unas diez veces ya, no es que sea una pesada, aunque algunas veces sí, pero es que es algo IMPORTANTÍSIMO: no tienes porqué hacer todo este camino sola, no lo estás, y si realmente crees que lo estás, que tu entorno no te va a comprender, que estas cosas pasan, existen asociaciones, centros especializados que te ayudarán y te harán sentir acompañada/o.

Yo he tenido suerte de tener una pareja, familia y amigos que me han apoyado, pero muchas personas me han contado que sus parejas las boicotean, que en cuanto deciden poner remedio a los atracones sus parejas les llenan la casa de comida basura.

Y no, no estoy diciendo que te refugies en tu familia o en tu pareja, te estoy diciendo que busques ayuda, en primer caso, de un profesional; busca médicos o especialistas que puedan guiarte, una terapeuta, lo que sea, lo que haga que tú te sientas más cómoda. En mi caso, como sabéis, me ha acompañado mi enfermero Alex y una terapeuta, y vosotros, toda la comunidad preciosa que se ha creado en Entretallas.

Hoy en día es fácil encontrar en las redes sociales grupos de apoyo de personas que están pasando o han pasado por algo igual que tú. A mí se me abrió un mundo de comprensión, afecto y *confort* increíbles cuando Entretallas comenzó a convertirse en una comunidad donde muchas personas hablamos de lo que sentimos y de lo que nos pasa con total naturalidad.

El tema de pedir ayuda está muy relacionado con ser perfeccionista. Yo lo soy, y lo soy hasta el extremo; odio pedir ayuda. Soy muy dada al «yo sola», ¿pero sabéis qué me generaba eso? Me generaba aún más estrés emocional, lo que en mi caso se traducía en ganas de comer compulsivamente. Sí, durante muchos años en mi vida, toda emoción acababa siendo un atracón.

Tratar de hacerlo todo sola, sin ayuda, en mi caso nunca me funcionó. No digo que tú no puedas, pero si no pides ayuda por vergüenza, deberías dejarla de lado y aceptar que no podemos hacerlo todo solos y no pasa nada. Culturalmente, nos enseñan, que este tipo de cosas son debilidades y que no podemos mostrarnos frágiles frente a los demás, y eso no hace más que aislarnos como personas y normalizar que las emociones negativas tenemos que pasarlas solos. Porque seamos sinceros, las alegrías se comparten, ¡pero las penas se guardan!

¿Cuántas veces de pequeña/o nos han dicho: «No llores delante de los demás»? Yo ahora pienso en todas estas frases que nos dicen, que se nos quedan dentro y nos acompañan toda la vida haciendo que actuemos, no según cómo nos sentimos sino según lo que esperan los demás de nosotros. Y si a eso le sumas el hecho de ser mujer, «apaga y vámonos». ¿Os suena la frase: «No llores que te pones muy fea»? Yo me hago el harakiri cada vez que la oigo. ¿De verdad es necesario decirle eso a una niña? ¿Es necesario que los adultos hagan sentir vergüenza a los más pequeños por mostrar sus emociones?

Muchas veces creemos que pedir ayuda, dejarnos cuidar o dejar que alguien nos sostenga es un símbolo de debilidad, y nada más lejos de la realidad. Con el tiempo he aprendido que querer hacerlo todo sola sin ayuda indica mucha más fragilidad que el hecho de pedir ayuda. Ser capaz de reconocer que somos frágiles, que somos humanos, que nos equivocamos, que solas no podemos, es profundamente curativo, entre otras cosas porque te dejas cuidar por otras personas.

Los ejercicios que os voy presentando en este libro son para que trabajes (si quieres) algunos aspectos que a mí me ayudaron y me ayudan a diario. Lo mismo que os pongo aquí yo lo hago en una libreta. Son ejercicios que hago una y otra vez para mí misma.

El ejercicio siguiente es un ejercicio para trabajar la exigencia. Las personas muy exigentes tendemos al autosabotaje. ¿Qué quiere decir eso? Que o lo hacemos perfecto o no lo hacemos, por ejemplo. A mí me ha pasado muchísimas veces cuando he comenzado otra dieta; si algún día me la «saltaba», automáticamente dejaba de hacerla porque «total, si ya había echado todo por la borda...».

Un poco más adelante te hablo de por qué creo que ese «todo o nada» es muy nocivo. Ahora me centro en el ejercicio que te quiero proponer.

Ejercicio

TRABAJEMOS LA EXIGENCIA

¿Cómo podemos convertir la exigencia en algo positivo que no deje paso al autosabotaje?

Las personas que somos exigentes solemos ser disciplinadas y la disciplina se puede trabajar desde la amabilidad y la firmeza. Es decir, ponte unas normas que, trabajadas de manera constante, puedan darte resultados. Te animo para que escribas tres cosas en las que te gustaría ser más disciplinada, siempre de forma realista.

Por ejemplo:

SITUACIÓN:
Quisiera comer más verdura.

ACCIÓN:
Voy a buscar recetas de cocina con verdura que sean apetecibles para mí.

Ahora te toca a ti:

SITUACIÓN:
-
-
-

ACCIÓN:
-
-
-

Yo soy muy partidaria de escribir las cosas, por eso te animo a que tú también lo hagas, a que hagas de este libro tu refugio para que no se te olviden las cosas importantes para tu proceso, sea cual sea. Si las escribes las haces reales, les das formas, las visualizas… Personalmente creo que es importante sacar las cosas de la mente, hacerlas tangibles.

SIÉNTETE FUERTE

Este capítulo está directamente relacionado con el anterior ya que para sentirse fuerte una de las cosas más importantes que hay que hacer es dejarse ayudar.

Personalmente, ser capaz de pedir ayuda, dejarme cuidar, dejar que otras personas me entendieran, me ayudó muchísimo, me dio confianza en mí misma y reforzó mi autoestima, esto hizo que sintiera fuerza para no «tirar la toalla».

Sentirse fuerte es fundamental y para eso es muy importante trabajar la autoestima y la percepción que tienes de ti misma. ¿Si te digo que la frase que más me he repetido a lo largo de mi vida es «no puedo» te lo crees?

Seguramente, y digo seguramente porque si estás aquí muchas de las cosas que te estoy diciendo te resonaran y, de hecho, es muy posible que algún profesional o experto en el tema (me gustaría aquí recordarte que yo soy experta en nada, solo en mí misma, y mucho me ha costado, no dudes en pedir ayuda de profesionales expertos) podría confirmar que forma parte del patrón de conducta que las personas que tenemos un trastorno de alimentación seguimos.

He hablado con mujeres que tiene o han tenido anorexia y bulimia, que son las dos grandes TCA, y con la mayoría hemos terminado afirmando que la autoexigencia es una parte importante del trastorno.

Muchas veces no hace falta que nadie te diga que no puedes hacer algo, tú misma ya te bastas para decírtelo. Me gustaría desde aquí, desde este punto proponerte hacer el siguiente ejercicio de autoestima.

PUEDO / NO PUEDO

Escribe aquí abajo tres cosas (o las que sientas) en las que tu respuesta automática sería: «NO PUEDO».

Procura que sean cosas realistas ya que no tendría sentido decir «no puedo volar».

Luego reformúlalas de forma positiva, para intentar que sea posible hacerlas, es decir, ajustarlas a tu realidad para poder llevarlas a cabo. Por ejemplo:

No puedo hacer deporte regularmente.

-Frase completamente negativa y cerrada a cambios-

Puedo organizarme mejor para intentar hacer deporte regularmente dentro de mis posibilidades.

-Frase formulada en positiva y abierta a cambios-

Es IMPORTANTE que seas POSITIVA Y REALISTA.

NO PUEDO:
-
-
-

PUEDO:
-
-
-

No solo en lo que incumbe al cambio de hábitos, en muchos otros aspectos de mi vida me lo he (y no voy a negar que tiene mucho que ver con que en la infancia también me lo dijeran mucho) repetido y repetido.

Recuerdo una vez, tratando de subir a una azotea por unas escaleras metálicas, que alguien me dijo: «No, tú no puedes, la escalera puede romperse». Vale, objetivamente quizá se hubiera podido romper, pero no tenía por qué haber pasado. La cuestión es que después de eso, y durante muchos años, he sido incapaz de subirme a una escalera, mesa, silla o cualquier otra cosa que fuera susceptible de romperse por aquella frase. Es más, ahora tengo un vértigo increíble y me cuesta muchísimo subir escaleras empinadas o estar en azoteas. Ciertamente lo hago, pero con las piernas temblándome como flanes.

¿Tengo o he tenido alguna incapacidad física que me impidiera hacerlo? No, jamás, pero mi mente recuerda esa frase cada vez que veo unas escaleras y me bloqueo, me bloqueo tanto que me tiemblan las piernas, sudo y algunas veces he sentido que me iba a desmayar. Lo peor es saber que no se trata de un impedimento «real» sino de un bloqueo de tu propia mente. Recalco lo de «real» porque te puedo asegurar que el miedo que siento al subir unas escaleras, el miedo que siento aún al sentarme en una silla de terraza, el no ser capaz de, por ejemplo, montar a caballo, vienen porque el que en un momento alguien me dijera «no puedes», me marcó de una forma muy profunda.

Te voy a contar ahora uno de mis primeros recuerdos doloroso con el peso. Creo que fue la primera vez que fui consciente de que socialmente estar gorda era algo malo. Tenía unos siete años, fue en la feria de mi pueblo. En los 90, era muy común que en las ferias hubiera una atracción donde seis o siete *ponys* daban vueltas y los niños podían subirse (que, por cierto, me gustaría añadir aquí que los animales no son atracciones y que ojalá dejaran de utilizarlos como tal). Yo también quise subirme a un *pony,* porque con siete años subirse a un *pony* «era lo más». Me imaginaba siendo una princesa guerrera a lomos de mi super corcel (sí, siempre he tenido mucha imaginación). El dueño de la atracción me miró y con un desprecio que todavía recuerdo, le dijo a mi padre: «No, la niña no puede subir, está muy gorda y puede hacerle daño al animal». Vale, estaba gorda, tenía 8 años y pesaba 60 kg, pero por lo que tengo entendido los *ponys* sí aguantan ese peso. Lo importante de esta anécdota es que en mi cabeza resonó aquella frase: «LA NIÑA ESTÁ MUY GORDA» y ese día empecé a creerme que algo en mí estaba mal. ¿Te imaginas el impacto que tiene eso en la mente de una niña pequeña? Bueno, pues a raíz de aquello nunca he sido capaz de montar a caballo. Siempre me inventaba excusas para no hacerlo porque en mi cabeza seguía resonando aquella frase y seguro que si me subía partía en dos al caballo.

Hoy en día le presto mucha atención al modo en el que hablo de mí misma y de los demás. No quiero meter la pata y que a alguien durante toda su vida le resuene una frase así. Creo mucho en la bondad de las personas y no quiero pensar que ese señor dijo aquello para ofenderme; de hecho, se lo dijo a mi padre como si yo no estuviera delante. Pero lo dijo y abrió en mí una herida profunda. Ojalá algún día sea capaz de montar a caballo. Sé que lo haré, forma parte de esas pequeñas cosas que hoy en día hago para perdonar y sanar a la niña pequeña herida que aún tengo dentro.

Hace un tiempo que estoy perdonándome y perdonando (en la medida de lo posible) a mi entorno. No hace mucho me subí a un columpio después de más de quince años sin hacerlo porque alguien me dijo que no me columpiara, que estaba gorda y podría romperlo. Ya ves, algo tan sencillo como ir a un parque infantil, aprovechando que estaba vacío sin niños, por no invadir su espacio, y me columpié durante media hora dejando que el viento meciera mi pelo, y sonriendo muy fuerte a la vez que se me caía alguna lágrima, porque sentí que la niña pequeña herida me daba las gracias desde lo más profundo de mi ser.

Como te he dicho un par de veces unas páginas más atrás, ahora peso lo mismo que cuando tenía ocho años, así que columpiarme libre y feliz me ayudó a conectarme conmigo misma. Ya ves. Parece un acto super tonto y pequeño pero pocas veces me he sentido más reconfortada. Fue muy bonito.

Sentirse fuerte y segura te hace sentirte capaz. En mi caso, la suma de esas dos cosas hizo que todo el proceso fuera mucho más sencillo. Un poco más adelante te explico por qué hacer deporte me ayudó mucho a ser constante y a tener disciplina en lo que se refiere a la pérdida de peso.

FUERZA PARA NO DECAER

SOLEDAD / MENTIRA
PEDIR AYUDA
DEJARSE CUIDAR
SENTIRSE CUIDAR
SENTIRSE ACOMPAÑADA
MEJOR AUTOESTIMA

EL DEPORTE
CAMBIÓ
MI VIDA

Siempre que escuchaba a alguien decirme esta frase pensaba: «Madre mía, esta persona no sabe lo que dice». Yo he sido una persona sedentaria, muy sedentaria, y hacer cualquier actividad deportiva me suponía un esfuerzo increíble. También es cierto que con el peso que tenía hacer deporte era en sí un obstáculo; de hecho, cuando comencé a hacer deporte lo hacía en casa porque era consciente de que mi estado físico tenía unas limitaciones. Unas limitaciones que nunca me han frenado, pero eran reales.

Me gustaría contarte lo importante que ha sido para mí hacer deporte, aparte de por lo evidente: mi cuerpo se está fortaleciendo y estoy ganando salud, y puedo enfrentarme a la comida y a los atracones porque me está yendo muy bien.

Ahora voy a contarte cómo comencé a hacer deporte y cómo se ha convertido en un pilar fundamental de mi vida. Pero antes te voy a explicar una anécdota que me marcó y que es muy importante para mí.

Hace unos años, en el primer intento que hice de perder peso, cuando aún lo intentaba para entrar en una 38 pero no para sentirme feliz y sana, fui a un gimnasio. Cuando entré el monitor me dijo: «Deberías perder algo de peso y luego volver». En ese momento lloré por la humillación y me sentí profundamente mal por el hecho de que alguien me juzgara de esa manera. Evidentemente no me apunté al gimnasio y la sensación de «tú no puedes» me acompañó mucho tiempo.

Ahora, con la perspectiva que te da el tiempo, he visto que quizá aquel entrenador lo que quiso decirme es que podría lesionarme y que quizá necesitara perder algo de peso antes de ponerme a hacer deporte sin control y a lo loco (aunque lo hizo con palabras desafortunadas y poca educación). Quiero pensar que me dijo eso. Quizá simplemente es que era un gilipollas.

El tema es que después, cuando entendí que hacer deporte era algo fundamental para tener una vida equilibrada, tuve tanto miedo de ir al gimnasio y encontrarme con alguien que me quitara la motivación que decidí que no iba a poner un pie en un gimnasio. Nadie iba a decidir si podía o no podía hacer deporte.

Lo primero que hice fue comprarme una bicicleta estática. Me parecía un ejercicio aceptable ya que al no tener impacto no me haría daño en las rodillas o en los tobillos. Un año atrás había intentado comenzar a correr y el segundo o tercer día no podía apenas moverme de la sobrecarga que tenía en las rodillas. Compramos una bici sabiendo que quizá se convertiría en el perchero más caro de mi casa, pero ¿sabes qué?: tenía que hacerlo, si no la compraba y empezaba en casa nunca rompería la barrera. Algunas veces necesitas esas herramientas para comenzar. Yo, sin saber si esta era la definitiva o luego tendría que venderla por no darle uso, lo hice: me compré la bici estática más barata del mercado y me plantaba veinte minutos tres días a la semana delante de la tele. Me ponía una serie que me gustase y ¡a pedalear!

Esos veinte minutos eran un horror, de verdad. Nunca había sentido que unos minutos pasaran tan lentos. Recuerdo mirar el reloj cada dos por tres; era un sufrimiento, me dolía el culo por el sillín, sudaba y me fatigaba a los cinco minutos de empezar. Me faltaba la respiración y para colmo, me castigaba a mí misma con palabras tipo: «Vaya estado físico de mierda que tienes». Un drama.

Tengo que decir que también fue entonces cuando comencé a tener conciencia de lo mal que me hablaba a mí misma. Pensé que quizá, si empezaba a hablarme con más respeto, con más motivación, quizá también eso me ayudaría.

Ejercicio

CELEBRA TUS LOGROS

Me gustaría que este fuera el primer paso para que poco a poco empezaras a celebrar las cosas que haces bien. Basta de castigarte todo el tiempo.

Escribe aquí más abajo tus logros más recientes y por los que te sientas orgullosa. Por insignificantes que te parezcan. Y aprovecho para decirte que ningún logro es insignificante.

Por ejemplo:

Hoy me he levantado a la hora que ha sonado el despertador y no he llegado tarde.

Parece algo muy absurdo, ¿verdad? Contéstame a algo: Si hubieras llegado tarde, ¿no te hubieras dado una reprimenda a ti misma? ¿Por qué no celebras lo que haces bien?

MIS LOGROS:

-
-
-
-
-
-
-
-

¿Ya estás aquí? Pues continúo.

Con el paso de las semanas, todo empezó a cambiar. Los veinte minutos se me pasaban volando; de repente me ponía otro capítulo y pedaleaba el doble de tiempo. Luego comencé a hacerlo cinco días a la semana, cada día un poquito más, un poquito más rápido, un poquito mejor. Y sin darme cuenta estaba haciendo una hora de bicicleta estática en casa, algo que me hacía sentir increíblemente bien e increíblemente capaz de cualquier cosa.

Durante esta primera etapa de tiempo, que en realidad fueron 4 meses y a la que llamaremos: «Estoy empezando a sentirme fuerte y a tener más confianza en mí misma», yo ya había perdido 14 kg. Con 100 kg decidí que era el momento de dar el siguiente paso y comenzar en el gimnasio. Mi cuerpo me pedía más y la bicicleta en casa ya no daba más de sí.

Así que un 6 de enero (sí, de regalo de Reyes) me planté en el gimnasio y me apunté. Esta vez tuve suerte y los entrenadores que había allí no me dijeron nada; es más, recuerdo que el primer día el chico que había en la recepción fue muy amable conmigo e hizo que no me sintiera un bicho raro.

Es cierto que tuve una cierta sensación durante unas semanas. Esa parte mía tan autocrítica y destructiva, antes de ir al gimnasio cada día, me decía: «Dónde vas, tú, tan gorda en mallas, ridícula». Y yo sentía que tenía que luchar contra esa voz que me decía que «no podía». Pero jamás en el gimnasio al que voy me han dicho nada referente a mi peso ni absolutamente nada malintencionado. En este tema, y en este proceso, mi mayor boicoteadora he sido yo.

La cuestión es que comencé a hacer deporte en el gimnasio. Primero mucho ejercicio cardiovascular y poco a poco fui también introduciendo pesas, pocas y fuera de la sala de pesas, porque, aunque suene raro, no ha sido hasta este año cuando he sido capaz de entrar en la sala de peso libre y ponerme a levantar mancuernas sin importarme nada lo que los demás puedan pensar de mí o de mi cuerpo.

Nunca me han dicho nada, es cierto, pero he sentido las miradas de personas que sí que me juzgaban por mi físico. Mi cuerpo, aunque ya es más delgado, tiene partes que después de adelgazar

51 kg han quedado más flácidas y no tan tersas como se espera de alguien que hace deporte intenso seis días a la semana. Aunque yo me pregunto: ¿quién lo espera? ¿esos prototipos que nos inculca la sociedad sobre cómo debe ser una «persona deportista»?

Lo cierto es que cada vez tenía mejor forma física, más resistencia, más energía y, además, no lo voy a negar, hacer una hora de deporte al día, seis días a la semana, estaba ayudándome a perder más peso y haciendo que mi cuerpo se moldeara, pese a toda la piel extra que me estaba quedando. Sin duda, creo que el deporte ha sido clave para que mucha de la piel que tengo sobrante haya vuelto a su sitio.

Ahora siempre digo que el deporte me ha cambiado y me ha salvado la vida. Suena dramático, pero es la realidad (y que soy un poco *drama Queen*): tener una alimentación equilibrada es el primer paso, sí, pero hacer deporte me ha devuelto la salud, la energía y la motivación. Ver que tu cuerpo cada vez aguanta más, tira más... esto, a nivel mental, me da una fortaleza increíble, una fortaleza con la que soy capaz de frenar los impulsos de darme atracones.

Hacer deporte no es la cura de todos los males, pero a mí, sin duda, me ha cambiado la vida, me ha cambiado el significado de las palabras «esfuerzo» y «resultados».

Levantarme a las 6:30 de la mañana para irme a entrenar, ser capaz de ir cuando lo que mi mente me decía era: «Quédate en casa, por un día no pasa nada», me preparó mentalmente para ser capaz de decir: «La comida no dirige tu vida, eres más que lo que comes», cuando las ganas de comer compulsivamente aparecían. Todo esto parecerá una tontería, pero me daba y me da mucha fortaleza mental.

Y aquí la disciplina, amiga, es fundamental para mí. Como te he dicho antes, una de las ventajas de ser autoexigente es que he podido transformar esta exigencia en disciplina y constancia, y eso me ha hecho ver que si podía hacerlo con el deporte, que era sin duda lo que más pereza me daba hacer y más inseguridades me hacía sentir, podría hacerlo con la comida si me lo proponía.

¿Sabéis con qué me pasa también? Corriendo. Sufro un montón corriendo, es una actividad física que me supone muchísimo esfuerzo tanto mental como físico. Y tú dirás: «¿Y por qué lo haces? Por eso mismo, porque cada vez que corro, una carrera para mí supone un esfuerzo, supone salir de mi zona de *confort*, supone enfrentarme a mis miedos, al fracaso, a no poder terminarla, supone hacer algo que me cuesta y me da miedo. Pero también me demuestra que soy capaz, que no hay nada que no pueda lograr si me lo propongo (siendo realista, por supuesto) y cada zancada que doy corriendo me acerca un poco más al lugar donde quiero estar.

Recuerdo la primera carrera que hice. Fue hace un año, una carrera popular el Día de la Mujer de 5 kilómetros. Madre mía, ¡cómo lloré de la emoción! El ultimo kilometro me lo pasé llorando; además, coincidió con que ese día era el cumpleaños de mi padre y yo sentí que eso no era casual. Mi padre falleció hace unos años. Teníamos una relación muy buena, y antes de morir me hizo prometerle que me cuidaría. No me hizo prometerle que adelgazaría... ¡él quería que me cuidara! Imaginaros cómo me sentía: había perdido 51 kilos en un año y estaba corriendo mi primera carrera el día de su cumpleaños. Fue muy emocionante y me hizo sentir que realmente estaba cumpliendo mi promesa... ¡como lloré!

Un mes después más o menos corrí mi primera carrera de 10 km, ese si fue un reto tremendo. Para mí correr tiene un componente doloroso y de superación a la vez, porque me trae recuerdos que me hacen daño. En mi colegio, una de las actividades que más hacíamos en educación física era correr, y yo no podía. Con doce años ya pesaba casi 75 kilos. Tuve una profesora que te aprobaba o suspendía dependiendo de lo que fueras capaz de correr. Ya os podéis imaginar lo que pasaba: básicamente, suspendí siempre educación física, además de que ella no desperdiciaba la oportunidad de humillarme delante de los compañeros por no ser capaz de correr.

Pasó mucho tiempo hasta que tuve un buen profe de educación física, alguien que le daba más importancia a otros deportes, a como se trabajaba en equipo y a todas esas cosas realmente importantes, no solo a correr por un pinar como si fuéramos borregos.

De hecho, creo que con este profesor fue la primera vez que sentí que me gustaba hacer deporte. Yo soy una persona bastante competitiva y como empezamos a practicar deporte de equipo, he de reconocer que me motivaba un montón. Sin embargo, lo que recuerdo de las clases de gimnasia era más humillación y frustración que felicidad. No voy a engañarte, creo que aún sudo frío cuando veo un potro.

Así que ahora, cada vez que corro una carrera, me embarga una sensación muy fuerte de felicidad, porque recuerdo a esa niña que lloraba por todas esas humillaciones y por sentirse menos, y pienso que me encantaría decirle que todo va a mejorar. Y cada kilómetro que corro curo un poquito a esa niña pequeña sin autoestima que tengo dentro.

¿Entendéis ahora por qué corro, aunque me cueste? Pues esto es extrapolable al cambio de hábitos, a la dieta y a cualquier cosa de la vida. Hazlo, aunque te cueste: la satisfacción personal vale mucho más que cualquier otro sentimiento.

Si no estás preparada o preparado para ir al gimnasio porque te sientes fuera de lugar, no pasa nada, pero no dejes que eso se convierta en una excusa para no empezar a hacer deporte. Hazlo en casa, sal a caminar... no importa, haz lo que sea, pero muévete y pon tu corazón a trabajar... te estás regalando salud.

Hoy, no concibo mi día a día sin hacer algo de deporte, sin moverme un poco.

¿Cómo lo he conseguido?

Te voy a dar una serie de consejos que a mí me funcionaron muy bien para coger el hábito y que han hecho que hoy en día haga deporte, en mayor o menos medida, seis días a la semana:

1 Haz algo que te motive y no te aburra.
Como te he explicado al principio, uno de mis trucos era ponerme una serie de televisión y pedalear en casa. Era como mi momento del día, durante veinte minutos y sin excusas me regalaba ese rato para mí misma. Esto es muy importante: hacer cosas que te motiven. Porque amiga o amigo, los resultados tardan en llegar, no vayas a pensar que vas a ir tres días al gimnasio, o vas a salir cuatro días a caminar y ya estará todo hecho. No, no funciona así y lo sabes. Yo no te estoy descubriendo nada nuevo, pero sí te voy a decir algo: hace tres años que entreno a diario y para llegar lejos hay que pasar por el día 1, por 2 y por el 3.

No dejes que nadie menosprecie tu proceso ni dejes que nadie decida por ti si puede o no puedes hacer algo. Dicen que después de veintiún días haciendo algo coges el hábito y ya no se pierde. La verdad es que no tengo ni idea de si eso es verdad. Si tengo que hablar de mi experiencia, yo creo que tardé como unos dos meses en cogerle el gusto a hacer deporte, así que ten paciencia y no decaigas, y si decaes, lo vuelves a intentar.

Cada día que te despiertas tienes una oportunidad de hacer lo que tú sientas, creas y quieras que te va a llevar al punto donde quieres estar.

TEN PACIENCIA Y NO DECAIGAS, Y SI DECAES, LO VUELVES A INTENTAR

2 Priorízate.
En todo este proceso, me he dado cuenta de la cantidad de tiempo que invertía en los demás y en el poco tiempo que invertía en mí misma. Hoy en día entrenar también forma parte de mis autocuidados, de aprender a priorizarme. Y si prefiero ir a entrenar en vez de hacer algo que debería hacer por compromiso, voy a entrenar: primero yo y lo que siento, y aunque algunas veces ponga a alguien por delante, lo hago desde la consciencia, no desde la obligación.

Mi naturaleza es cuidadora y eso significa que me preocupo muchísimo por los demás. En algún momento de mi vida, aunque yo estuviera mal, si alguna amiga me necesitaba dejaba cualquier cosa que estuviera haciendo para ir a ayudar a esa persona. ¿Está mal? No. No me arrepiento de haber ayudado o de haber priorizado a otras personas antes que a mí, pero ahora mismo y desde hace un par de años, me encuentro en un momento en el que siento que si yo no soy capaz de estar bien, ¿cómo voy a cuidar de nadie más?

Aunque pueda parecer un acto egoísta a mí me parece un acto muy puro de amor hacia los demás. Es un poco como si dijera: «Dejadme que me cuide, que me encuentre, que me sienta, y luego podré ayudaros si me necesitáis». ¿Cómo voy a ser capaz de cuidar de alguien si no soy capaz de cuidar de mí misma?

DÉJAME QUE ME CUIDE, QUE ME ENCUENTRE Y LUEGO PODRÉ AYUDARTE SI ME NECESITAS

Es cierto que he perdido algunas amistades durante el proceso, pero he ganado otras y he fortalecido vínculos que pensaba que eran más frágiles.

Estos procesos algunas veces son dolorosos, porque las personas que más te quieren te entenderán y no te juzgarán, pero puede que no. Puede que las personas que más quieres sí te juzguen y tu no entiendas por qué te boicotean. Siempre encontrarás personas que no entienden tu cambio, que lo banalicen o simplemente que no le den la importancia que realmente tiene para ti. No pasa nada, no trates de mirarte a través de los ojos de los demás, porque solo conseguirás hacerte daño.

Siempre explico que durante el camino he dejado kilos y lastres emocionales. Es duro, sí, no os voy a engañar... llevarse decepciones de personas cercanas nunca es algo bueno, pero es que tal vez esas personas no te están dejando avanzar. O simplemente tu vida y la de esas personas no se encuentran en el mismo punto. Pues no pasa nada porque tomes distancia... quizá, si el vínculo es muy fuerte, en algún momento te vuelvas a encontrar.

Tómate un minuto y piensa si reconoces esa actitud en alguien de tu vida. Piensa también si realmente es alguien que quieres en tu vida o no. Quizá te pesan más los vínculos... no pasa nada. Cortar vínculos (y más si son familiares) es muy complicado. Si es así, busca la manera de aligerar esa carga. Toma distancia, encuentra el lugar donde te puedas sentir segura y puedas mantener esa relación.

SUMA O RESTA

Como este libro es solo tuyo, escribe aquí debajo si sientes que hay alguien en tu vida que crees que está obstaculizando que te priorices.

Anota qué personas crees que suman y cuales crees que restan. Es difícil, pero como te he dicho antes, este libro es solo tuyo (y un poquito mío). Tómate tu tiempo, respira, cierra los ojos y escribe desde el corazón, desde tus emociones. Y luego pregúntate qué puedes hacer al respecto de las personas que te restan. Por ejemplo:

¿QUIÉN SUMA?
Cristina, Noelia, Irene, Guiomar, Milena, Luna… porque siento que siempre han respetado mi proceso y me he sentido aceptada y comprendida por ellas.

¿QUÉ PUEDO HACER?
Voy a quedar más con ellas, me voy a esforzar en verlas más porque me hacen sentir bien.

¿QUIÉN RESTA?
María, porque siempre critica lo que hago y no deja de decir que me estoy obsesionando.

¿QUÉ PUEDO HACER?
Hablaré con ella para contarle cómo me siento y si no lo entiende o no le da valor a lo que siento, dejaré de quedar con ella y tomaré un poco de distancia.

¿QUIÉN SUMA? ....

¿QUÉ PUEDO HACER? ....

¿QUIÉN RESTA? ....

¿QUÉ PUEDO HACER? ....

3 Ponte metas realistas.

En mi caso, no hubiera tenido sentido que en mi peso máximo y una vida totalmente sedentaria me hubiera puesto como reto correr una carrera de 10 km. Lo que sí hice fue comenzar a ponerme pequeños retos como, por ejemplo, si en 20 minutos de bici estática hacia 5 km, a la semana siguiente intentaba que fueran 6 km en el mismo tiempo. Esto hizo que poco a poco tuviera más resistencia y aguante y me motivó para no detenerme.

Esa sensación de romper barreras mentales me acompaña hoy en día. Durante muchísimos años he pensado que no valía para el deporte, pero creo que es porque me habían hecho creer que no era lo mío. En cuanto comencé a superar barreras todo se volvió mucho más fácil y motivador.

Hoy en día me apunto a cualquier cosa deportiva, menos fútbol, porque me da miedo que me den un pelozato en la cara... pero ya no le tengo miedo a nada, o bueno, mejor dicho, le tengo miedo, pero lo hago con miedo.

Lo importante de este punto es que seas honesta u honesto contigo.

Mira, te voy a contar una cosa: una de mis metas era (y es) correr una media maratón. Me planteé un año por delante para prepararla, pero ese año tuve un cambio de trabajo, unos entrenamientos más dedicados a la fuerza y al final fui dejándolo, dejándolo... y solo un par de meses antes decidí comenzar a prepararme. Obviamente, no llegué.

No puedes prepararte una media maratón corriendo dos días a la semana, o bueno, para ser sincera, yo no. Ya os he dicho antes que correr me supone un esfuerzo increíble. Así que decidí que era algo que quería hacer pero sin prisas ni frustraciones, algún día lo haré y, mientras tanto, disfruto del deporte, disfruto de entrenar y disfruto de llegar a sitios que nunca pensé que llegaría.

Si hubiera corrido esa media maratón sin estar preparada podrían haber pasado dos cosas, que lo hubiera conseguido o que no, y eso me hubiera llevado a sentirme frustrada y quizá hubiera dejado de correr por pensar: «No valgo». Aunque bien pensado, hay otra opción: que lo intenté. Pero siendo sinceros, ya te he dicho que soy competitiva (sí, aún me queda mucho por trabajar la autoexigencia) y sé que me hubiera machacado por no lograrlo.

No quiero ir de lo que no soy, yo aprendo cada día de mis actos y no soy ninguna iluminada de lo que está bien o está mal. Quiero dejar claro que yo no tengo la clave para solucionar la vida de los demás, que mi experiencia es solo mía y puede servir de guía, pero en ningún caso pretendo que lo que yo cuento o explico se tenga como dogma. Personalmente huyo de las personas que creen que su palabra es algo que no debe ser cuestionado, no me gustaría que pasara con lo que cuento en este libro, por eso animo a la gente a que se cuestione todo. Y ahora, con la perspectiva que te da el tiempo y el aprender a reconocerme, me doy cuenta de que quizá aprender a no ganar siempre no hubiera sido tan descabellado.

Quién sabe, quizá este año sí que la corro, aunque no la acabe. La cuestión es que si en un momento dado no te sientes capaz de afrontar un reto «no conseguido», como me pasó a mí, no lo hagas, no pasa nada. Yo me sentí muy bien cuando decidí no correrla y me enfoqué en correr más carreras de 10 km y a bajar algún minuto mi tiempo. Ponte metas que sepas que puedas cumplir. Desde algo tan sencillo como caminar al día como mínimo 6 km a correr una carrera o a subir el peso en las mancuernas.

4 Si sola no puedes, compártelo.

No hay nada que me guste más que hacer deporte o cualquier actividad física con personas que me importan. No se trata solo de correr una carrera, se trata de salir a caminar, hacer una excursión por la montaña, hacer pádel surf... Cualquier cosa que te apetezca hacer, si sabes que te va a costar hacerlo, hazlo con alguien.

¿Y sabes qué es lo mejor de eso? ¡Que estarás predicando con el ejemplo! ¿Te preocupa que tus hijos tengan una vida sedentaria? Sal a hacer una excursión con ellos.

«Nadie de mi entorno hace deporte, y sola me falta motivación», me dirás. Si esto ocurre puedes buscarte un grupo de gente para hacerlo; en casi todas las ciudades que conozco hay un grupo de excursionistas. Nosotras mismas, las chicas que estamos en el grupo de Facebook de Entretallas Power quedamos algunos sábados al mes para salir a hacer una excursión. Ve al centro cívico de tu ciudad, de tu barrio o de tu pueblo y ¡proponlo! Si tenéis ganas podéis encontrar la manera.

A mí personalmente me gusta mucho entrenar sola, entrenar en el gimnasio, pero también me encanta hacerlo con Albert o con mis amigos. Es una sensación muy «chula» cuando las personas que me quieren participan en algo que para mí es muy importante. Si además les nace a ellos (creo que jamás los he obligado a hacer deporte, si es así, chicos, lo siento) es aún mejor.

Hay personas que me escriben y me dicen que se aburren mucho haciendo estas cosas a solas, y de verdad que lo entiendo, porque si algo no te gusta encontrarás mil excusas para no hacerlo. Pero te voy a decir una cosa: si crees que cuando empecé a hacer deporte a mí me gustaba levantarme a las seis de la mañana para ir a entrenar, te puedo asegurar que estás muy equivocada. Era un suplicio, empezar casi siempre es un suplicio. En este caso, Albert o alguna amiga venían conmigo de vez en cuando, y de repente ya no era tan aburrido. Así fue como empecé a cogerle el gusto. Y si nadie quiere ir contigo, si realmente tienes dificultades reales para encontrar alguien con quien salir a andar, o con quién hacer deporte, siento decirte que quizá estás haciendo responsable a otra persona de tus propias ganas, y eso, amiga, es un poco egoísta. Piénsalo bien, en realidad solo tú sabes la respuesta de verdad a lo que te impide hacer deporte. Háblate con honestidad... en serio, libera muchísimo.

Si con estos cuatro consejos no consigues cogerle el gusto a hacer deporte, o al menos a hacerlo, quizá una buena opción para ti sea contratar un entrenador personal que te pueda ayudar y guiar. Como os he dicho antes, no pasa nada por pedir ayuda, nadie te va a dar una medalla por hacer las cosas sin ayuda. En cualquier caso, estos consejos me ayudaron a mí, si a ti no te ayudan, no te frustres, cada persona es un mundo y quizá tienes que encontrarte en el momento indicado. Escúchate... es lo mejor que te puedo decir.

NO ES UN PESO, ES UN ESTADO DE SALUD

Hace unos meses que no me peso, eso es así. Desde que me dieron el alta solo me he subido a la báscula un par de veces. También quiero ser sincera contigo: aunque ahora pesar un kilo más o menos me da igual, en su momento llegué a pesarme hasta tres veces al día de forma compulsiva, lo que hacía que mi estado de ánimo dependiera directamente de lo que marcara la báscula. Era un comportamiento tan tóxico como comer compulsivamente.

¿Solución? Desterrar báscula y pesarme solamente cuando tenía visita con mi enfermero, que era una vez a la semana o cada quince días.

Una vez me dieron el alta tuve que empezar a hacerlo sola. Ahí estuve muy tentada de volver a pesarme varias veces al día, pero como me escucho mucho y sé que eso no era bueno para mí, lo que decidí hacer fue buscar unos pantalones ajustados con los que me sentí guapa y medirme en base a ellos. Bueno, eso y dejar de pensar que las mujeres solo tenemos un estado todo el mes. Aprendí a reconocer cuándo estoy hinchada porque estoy ovulando o porque me iba a venir la regla... aprendí a reconocer todos esos momentos del mes por los que pasamos las mujeres para saber que si me siento más hinchada o pesada no tiene que ver con que haya engordado, sino con el estado de mi ciclo menstrual.

Muchas veces nos olvidamos de esto y la realidad es que las mujeres podemos variar mucho de peso dependiendo de estas circunstancias. Así que dejé de pesarme cuanto estaba en medio del ciclo y cuanto tenía la regla y mi estrés disminuyó. No creáis que esto fue de un día para otro, porque no, amigas y amigos, no. He tardado casi un año en ser capaz de reconocer que pesarme dos y tres veces es igual de compulsivo que darse un atracón.

Una vez que mi peso es saludable, me da exactamente igual subir un kilo arriba o un kilo abajo. No se trata de pesar un número concreto, se trata de tener una alimentación equilibrada y consciente, y eso me lleva a tener un peso estable.

NO SE TRATA DE PESAR UN NÚMERO CONCRETO, SE TRATA DE TENER UNA ALIMENTACIÓN EQUILIBRADA Y CONSCIENTE

Durante mucho tiempo he sentido que mi peso me definía como persona y eso condicionaba mucho lo que pensaba de mí misma. Vivimos en una sociedad donde la apariencia física juega un papel importante (ojalá no fuese así) y realmente te hacen creer que por pesar más o menos eres más válida. Me han llegado a rechazar en algún trabajo por mi aspecto, cuando aparte me habían dicho directamente que tenía el currículum y las capacidades necesarias para el puesto.

Si esto se repite mucho durante tu vida al final terminas por creértelo. Yo durante un tiempo de mi vida me lo creí y sentí que si estuviera más delgada sería más feliz. Es lo que nos hacen creer. Ahora lo pienso y me hace sentir una tristeza profunda, porque la realidad es bien distinta. No se trata de entrar en una 38 de Zara. Cuando comprendí que lo que realmente necesitaba para estar bien conmigo misma no era entrar en una talla estándar sino tener salud, sentirme fuerte, ágil y equilibrada… me quité un peso de encima. Dejé de sentir el desasosiego de no encajar.

Ya te he comentado antes que al adelgazar me ha quedado un exceso de piel importante y mi aspecto físico no encaja con los estándares de una chica deportista. He sentido, y me han dicho alguna vez, que no encajo en ese prototipo de mujer, pero la realidad es que yo me siento así. Si me imagino cómo se siente una chica de competición que tiene un cuerpo fuerte y definido, que entrena con dedicación y pasión, os juro que yo me siento igual.

Es muy liberador dejar de compararse con las demás, lo primero porque no es sano, eleva nuestras expectativas y eso nos puede llevar a la frustración, y lo segundo porque cada persona es única, y compararse es absurdo.

Con el tiempo me di cuenta que realmente el número que pone en la báscula no define quién eres. Sin ser cínica e hipócrita, y porque ya sabes que a mí me gusta llamar a las cosas por su nombre, diré que sin duda, el peso no te define, pero tampoco hay que dejarse llevar, que un peso no define tu estado de salud. Aunque hubiera sido tremendamente hipócrita creer que si hubiese mantenido los 114 kg durante muchos años mi cuerpo no hubiera enfermado. ¿Cómo estarían mis rodillas con 70 años? ¿Tendría diabetes, problemas cardiacos...?

Mis 114 kg no me definían, pero a MÍ me suponían una barrera física para hacer muchas cosas. Con esto no quiero decir que alguien obeso mórbido como estaba yo (no, no estoy diciendo alguien con sobrepeso, hablo de alguien con una obesidad mórbida tipo III) no pueda hacer las mismas cosas que una persona en normo peso, pero siendo absolutamente realista, yo tenía poca (o nada) resistencia física y posiblemente esto a la larga hubiese desencadenado en problemas de salud. Más aún cuando en mi familia hay antecedentes de diabetes, hipercolesterolemia, infartos y obesidad mórbida... es decir, que tenía todos «los números».

Y que nadie me diga que estas enfermedades las puedes desarrollar estando delgado, que lo sé. De la misma manera que puedes morir de cáncer de pulmón sin haberte fumado un cigarrillo nunca. Pero si te los fumas, tienes más posibilidades.

A lo largo de todo mi proceso he querido alejarme de la estadística que me decía que ese era mi futuro, por mis hábitos y por mi genética. ¿Con esto qué quiero decir? Que no se trata de alcanzar un peso, se trata de estar sano, pero sin perder la objetividad y la realidad del punto de mira.

A mí me da lo mismo lo que la gente pese, te lo juro, jamás le diré a nadie que tiene que adelgazar por salud o (engordar, no nos olvidemos que esto no solo lo sufren las personas obesas, las personas muy delgadas también se enfrentan a comentarios por su peso). Básicamente porque no soy quien para decirle a nadie nada sobre cómo vivir su vida y también porque no sé absolutamente nada de esta persona.

Otra cosa es que la persona me pida ayuda o consejo. He conocido a personas con sobrepeso totalmente saludables y con una vida activa y equilibrada y gente delgada que debían estar «hechas fosfatina» por dentro. Así que, por favor, si estás aquí, olvida lo que pesas y empieza a cuidarte, pero a cuidarte en todos los aspectos, física y emocionalmente, ya que nos olvidamos mucho de la nutrición emocional y es una de las tres patas que sostienen el cambio de hábitos. ¿Que cuál es ese combo mágico?

Simplificándolo mucho, este es el triángulo que considero que en mi caso ha sido la clave para que mi proceso haya tenido buenos resultados. Pero como siempre te digo, es mi caso, y no tiene por qué ser el tuyo.

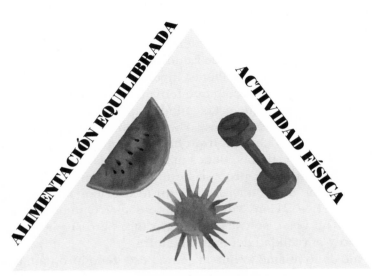

NO ES UNA DIETA, ES UN ESTILO DE VIDA

Lo sé, esta frase es un topicazo, hasta yo me doy cuenta. Durante mucho tiempo, cuando intentaba cambiar de hábitos y alguien me decía esa frase yo pensaba: «Ya claro, porque comes verduras y no comes fritos porque te gustan, no porque te obliguen». Os juro que he pensado esto un millón de veces, me parecía imposible que alguien tuviera una alimentación limpia, sin procesados y sin azúcares por voluntad propia. Hoy en día a mí también me lo dicen. Hace poco alguien me dijo que si algún día volveré a comer harinas refinadas y os prometo que pensé: «Ojalá no», y lo pensé absolutamente en serio.

Es cierto que al principio es difícil. Cuando has utilizado la comida basura para hacerte daño, librarte de la estela que eso deja en ti y del automatismo de acudir a ese tipo de comida cuando estás mal es muy complicado. Es cierto que alguna vez aún me viene a la cabeza la idea de comer algún alimento ultraprocesado, pero apenas me ocurre ya.

Primero comencé por quitarme el azúcar refinado, y fue muy difícil, porque aparte del trastorno por atracón, este tipo de alimentos crean adicción. Y seguí quitándome más alimentos perjudiciales. Durante algunos meses solo pensar en unos *nuggets* me ponía de mal humor.

No os voy a engañar, el principio es duro. Luego, poco a poco, me fui dando cuenta de que aportaba a mi cuerpo los alimentos que tomaba, porque no me apetecía comer algo que tenía cuarenta ingredientes que no reconocía… Recuerdo el dolor de cabeza que sentía después de un atracón, o mi cuerpo pesado y «sucio» después de comerme 5.000 kcal en dos *pizzas*, un paquete de galletas y uno de patatas.

Comencé a escuchar a mi cuerpo. Mi cuerpo me pedía desayunar una tostada con aguacate en vez de una pasta de crema. Prefería una manzana a un *croissant*. Y os aseguro que eso lo notaba a nivel físico. Me siento mucho mejor comiendo una ensalada que una *pizza* ultra procesada. ¡¡¡Es que hasta me sabe la boca de otra manera!!!

Sé que suena todo un poco loco, pero todas esas cosas son las que me fueron llevando hasta el punto de darme cuenta de que no solo era una dieta, era un estilo de vida.

También hay otro punto importante, este es más a nivel mental, pero como sabéis para mí el léxico es muy importante porque me parece que con las palabras adecuadas puedes reeducar también tu mente para que te ayude a no boicotearte. Me explico, todos sabemos que la palabra «dieta» tiene un componente negativo. Cuando alguien te dice que está haciendo dieta tendemos a pensar que está enfermo o que lo está haciendo por obligación. Nadie hace dieta por voluntad propia, nadie quiere pasar hambre y hacer restricciones. Es común pensar que si alguien hace dieta lo hace para adelgazar. ¿Os habéis parado a pensar alguna vez en la definición de dieta?

DIETA
Nombre femenino.
Control o regulación de la cantidad y tipo de alimentos que toma una persona o un animal, generalmente con un fin específico.

En ningún sitio de la definición pone que se trate específicamente de un control de pérdida de peso. También se puede hacer una dieta para engordar. Pero nadie piensa eso, porque hacer dieta es algo negativo.

Así que decidí que no estaba haciendo dieta, que no quería que el componente negativo que tiene la palabra me acompañara. Yo estaba aprendiendo a comer, aprendiendo a relacionarme con la comida y a dejar de verla como algo para hacerme daño para empezar a verla como la gasolina que me nutre.

Ese fue un paso importantísimo, que además me ayudó a darme cuenta de porqué estaba haciendo todo esto: porque había pasado de ser algo que tenía principio y fin, a saber que era algo que quería que se mantuviera para el resto de mi vida.

Hace poco me vi explicándole a una persona por qué, por decisión propia y no solo por el hecho haber perdido mucho peso, no quería comer ultraprocesados. Esto es algo que me ocurre mucho últimamente: cuando digo que no quiero comer algo, la gente me pregunta que por qué no lo como si ya no estoy perdiendo peso. Antes me molestaba, porque me daba la sensación de que menospreciaban mi proceso, ahora simplemente les explico mi punto de vista. No como procesados porque no aportan nada a mi cuerpo. Me han llegado a decir que no disfruto de la vida por no querer comerme una palmera de chocolate. Esto me preocupa profundamente porque es un indicador de cómo está de arraigado en nuestra sociedad el hecho de que comer algunas cosas está relacionado con la felicidad. ¿Es que no puedo disfrutar comiéndome una macedonia lo mismo que alguien que se come un *donut*?

Me gustaría decir que es algo que está cambiando, pero no estoy segura de que sea así. Tiendo a pensar que lo que ocurre en la sociedad es un reflejo de mi entorno, pero la realidad es que no. Y cuando veo que tengo que explicarme tantas veces sobre por qué no como pastas en un evento, por qué no quiero beber alcohol y prefiero agua con limón o por qué cuando voy a merendar con amigas busco un sitio donde tengan opciones de fruta fresca, me doy cuenta de la cantidad de trabajo que aún queda por hacer.

Pero no me voy a poner pesimista, también es cierto que muchas otras personas lo comparten e incluso tengo amigos que después de vivir este proceso de cerca, y sin necesidad de adelgazar, han conseguido cambiar sus hábitos. Sin ir más lejos, mi pareja: él siempre ha estado delgado y nunca le había prestado mucha atención a la calidad de lo que comía, y mucho menos a las cantidades. Desde que me acompaña ha comenzado a comer mucho mejor, apenas come procesados y sí mucha más verdura. Ver esos cambios en él y en mi entorno me hacen muy feliz, porque sin darme cuenta, mis hábitos tóxicos con la comida también influían en ellos.

Ya es suficiente con yo me hiciera daño a mí misma, pero hacer que la persona que tienes al lado también normalice algunas conductas me parecía super egoísta e irresponsable. Hace poco teníamos pocas ganas de cocinar para cenar y decidimos hacer algo rápido, un gazpacho y una ensalada con aguacate. Tardamos unos cinco minutos en prepararlo y lo disfrutamos mucho; me sentí muy feliz por los dos, pero pensando me di cuenta de que esta misma decisión hace cuatro años hubiera sido muy distinta. Por desgracia vivo en un sitio con muchos restaurantes de comida rápida cerca y ya os podéis imaginar qué es lo que hacíamos. ¿Que no tenemos ganas de hacer una cena muy elaborada?

No pasaba nada, bajábamos y comprábamos unos bocadillos de pollo frito con unas patatas y uno aros de cebolla.

Ahora me echo las manos a la cabeza, pero esto era más común de lo que me gusta reconocer.

En cualquier caso, lo importante es saber que si dejas de ver tu proceso como una dieta con principio y fin, y comienzas a normalizar esos hábitos poco a poco, se convertirá en tu forma de vida y de relacionarte con la comida.

Otra cosa que también me ha ayudado a volver a relacionarme con la comida de una forma correcta es dejar de verla como un instrumento para hacerme daño. La comida me nutría, pero también la he utilizado muchísimo para hacerme daño de una forma inconsciente. ¿Dónde me llevó eso? A dejar de ver la comida como algo maravilloso. Los primeros meses de la dieta estricta fueron grises, la comida era un instrumento para adelgazar, lechuga, pollo, todo bien plano, era un trámite. ¡Con lo que me ha gustado cocinar siempre!

LA COMIDA NO ES MALA, ES EL USO QUE LE DAS

Hasta que descubrí que había una manera de que no viera la comida como una enemiga: la comida no era lo que estaba mal, eran mis emociones. Siempre he escuchado decir «el cuchillo no mata, mata la mano», pues con la comida pasa lo mismo, la comida no es mala, es el uso que tú le das.

Cuando llegué a esta conclusión lo que hice fue comenzar a cocinar bonito. Soy una persona creativa y comencé a cocinar con colores, a decorar los platos, a hacerlos apetecibles a la vista, a enamorarme de los sabores, a oler la fruta, a saborear el chocolate.

Empecé a quitarle la carga negativa que le había dado injustamente. De hecho, ahora mismo le presto mucha atención a la forma en la que cocino y en la que como. Creo que se llama alimentación consciente y os animo a que lo intentéis y busquéis información al respecto.

Hace poco hice un ejercicio de *mindful eating* que básicamente consiste en comer conectada con lo que estás haciendo, consciente, concentrada en el alimento, en lo que despierta en tu cuerpo y en cómo reaccionas a él. Para mí fue muy gratificante porque aún hay alimentos que despiertan cosas negativas en mí y esto me ayuda a sacarle el componente negativo. Por ejemplo, en mi caso, era muy común que en los atracones comiera mucha pasta o pan. Me hacía un kilo de pasta con tomate y me lo comía, o una barra de pan con cualquier cosa. Así que durante un tiempo me costó mucho comer pasta o pan, porque «era el enemigo» y verlo me transportaba directamente al atracón. Así que, simplemente, durante muchos meses no comí nada de pasta y nada de pan en barra.

Después de un tiempo así me di cuenta de que estaba siendo restrictiva conmigo misma y que por comer pasta o pan de una forma consciente no tenía por qué terminar comiéndome un kilo de pasta o una barra de pan, que podía disfrutar de las dos cosas sin que eso afectase a mi estado de ánimo. Comencé entonces haciendo pequeñas cantidades de pasta y disfrutándolas o comprando barras de pan pequeñas. Sin saberlo ya estaba practicando la alimentación consciente, porque estaba comiendo alimentos que antes utilizaba para hacerme daño no para nutrirme.

Es por lo que he pensado que quizá es una buena idea que comparta contigo un ejercicio que yo pongo mucho en práctica para comer conectada. Quizá es el primer paso que necesitas para dejar de odiar lo que la comida representa o simplemente te hace comer con más consciencia.

DISFRUTA DE LO QUE COMES

Siéntate en la mesa, sin el teléfono, sin la tele, solo tú y algún alimento que escojas. No tiene por qué ser un alimento al que aún le tengas miedo, puede ser simplemente tu alimento favorito. Voy a explicarte el ejercicio con una manzana, que ya sabes que yo soy muy fan de las manzanas.

Pon la manzana delante de ti.
Mírala.
Cógela con la mano y mentalmente descríbela: Es una manzana roja, con rabito, tiene algunas partes menos rojas, porque a esa parte no le ha dado tanto sol y no ha madurado tanto.
Córtala en rodajas o pedazos.
Huélela.
Dale un bocado pequeño, despacio, dejando que todos los sabores te inunden la boca y mentalmente piensa en esos sabores: está dulce, y tiene un punto ácido, que me encanta.
Mastícala despacio, hasta que sea un puré, y continúa saboreando ese puré, esa textura nueva que tiene la manzana.
Ya puedes tragarla.
Piensa en cómo está bajando a tu estómago y como allí, esa manzana se va a convertir en nutrientes para tu cuerpo.
Disfrútalo y repite este ejercicio cada vez que necesites conectarte con lo que estás comiendo.
A mí me aportó una nueva dimensión con la comida, me ayudó muchísimo a saber qué comía y a dejar de comer por inercia.
¿Cómo te has sentido? Te animo a que escribas aquí tus sensaciones, tanto buenas como malas.

-
-
-

DISTINGUE EL HAMBRE REAL DEL HAMBRE EMOCIONAL

Este es un tema serio. Personalmente, a las personas que somos comedoras emocionales nos cuesta mucho diferenciar estos dos tipos de hambre. A mí me costaba muchísimo.

Te voy a dejar una serie de puntos que te pueden ayudar a diferenciarla y un ejercicio que a mí me resulta muy útil.

Antes de nada, déjame explicarte qué es el hambre emocional. Es un hambre que aparece en respuesta a alguna emoción; estoy triste, como; estoy muy contenta (me lo merezco) y como.

Ante eso yo te planteo una serie de puntos para que tú misma puedas ver cómo respondes a la comida. Te aconsejo que si estás de acuerdo con estas afirmaciones busques ayuda de un profesional.

—Me siento fuera de control si tengo comida delante.

—No puedo dejar comida en el plato.

—No me sacio con facilidad.

—No puedo pensar en nada más que en comida.

—Si no tengo control sobre el qué y cuándo como, me cambia el humor.

La primera vez que leí estas afirmaciones contesté a todo que sí y me di cuenta de lo condicionada que estaba por la comida. Literalmente, la comida estaba dirigiendo mi vida. Tomaba todas mis decisiones en base a eso, además de que me generaba más estrés y, por lo tanto, más ganas de darme un atracón. Sé que muchas entendéis el bucle en que te metes: comida, odio, culpa, comida, autoexigencia... Es muy muy duro y estresante.

A continuación, te enseño en una gráfica, de una forma un poco más visual, algunos de los comportamientos y emociones que te pueden ayudar a diferenciar si se trata de hambre emocional o de hambre real.

HAMBRE

REAL	EMOCIONAL
Aparece poco a poco	Es repentina
Puede esperar	Es urgente
Te sacias	Con saciarse no basta
No te genera sentimientos negativos o culpa	Después de comer sientes vergüenza
Es una necesidad fisiológica emocional	La puede desencadenar un estímulo

La tabla anterior a mí me ayudó mucho para aprender a distinguir el impulso; también es cierto que, casi siempre, el hambre emocional y posteriormente el atracón aparecían después de un episodio de ansiedad.

Un truco que he explicado varias veces y que a mí me ha servido mucho es el truco de la manzana. Cuando siento que tengo un hambre que no puedo controlar hago lo siguiente:

Me paro un momento y pienso:

¿ME COMERÍA UNA MANZANA?

Si la respuesta es sí, es muy posible que se trate de hambre real, si por el contrario pienso que no, pero que me comería un paquete de galletas, sé que se trata de hambre emocional. A nivel fisiológico, tu cuerpo, cuando tienes hambre no distingue entre una manzana o un paquete de galletas, por lo tanto, si lo que tu cuerpo te pide es un paquete de galletas, lo que sientes es hambre emocional, no hambre real.

Esta técnica me ayudó mucho cuando aún no era capaz de diferenciar como ahora el tipo de hambre que siento. Es cierto que hoy en día tengo mucho control sobre esto y simplemente por mi estado de ánimo puedo diferenciar el origen. Si tengo un estado de nervios o ansiedad, es casi seguro que ese hambre que siento no tenga un origen fisiológico, por lo tanto, es un hambre a la que no le presto atención.

En otras ocasiones no reconozco el hambre como tal y creo que estoy sintiendo ansiedad y en realidad lo que tengo es hambre. Sinceramente creo que esto es el reflejo de la etapa del proceso en la que sí que tenía una dieta restrictiva. Yo siempre os he dicho que nunca diría qué tipo de dieta me mandó mi enfermero, no porque no quiera decíroslo, ni mucho menos, sino porque al principio era una dieta muy restrictiva. Ahora echo la vista atrás y me doy cuenta de que quizá ahora las cosas son de otra manera, no tanto la dieta en sí.

La primera parte, la de digamos «choque», sí que fue una época en la que pasé hambre. Pero es normal que esto pasara, básicamente porque yo venía de tener una relación mala con la comida donde podía, tranquilamente, comerme en un atracón dos o tres kilos de comida y no sentirme saciada. Yo no paraba de comer porque me sintiera llena, paraba de comer porque fisiológicamente me dolía la tripa y después de la ingesta tan grande de hidratos de carbono y azucares lo me daba es mucho mucho sueño. Por lo tanto, cuando mi enfermero me dio una dieta baja en calorías pasaba mucha hambre, estaba pasando de consumir unas 7.000 kcal a consumir como mucho unas 1.500 kcal.

¿Por qué otro motivo no vais a encontrar aquí ningún modelo de dieta milagroso que te haga perder peso de forma rápida y sin esfuerzo?

Porque NO existe. Las dietas milagro no existen. Si uno quiere perder 5 kilos sabe lo que tiene que hacer, pero si te sobran 50 kg como a mí, lo mejor que puedes hacer es dejarte aconsejar por un buen profesional, ya sea nutricionista, endocrino o tu enfermero del centro de salud. Lo importante es ponerte en manos de alguien que sepa lo que hace. ¿Acaso no creéis que si existiera la pastilla que mágicamente te hiciera adelgazar no la estarían comercializando?

Personalmente, estoy radicalmente en contra del uso de batidos, sustitutivos y polvos que hacen que por arte de magia pierdas peso. Estoy en contra porque me parece que se aprovechan de la desesperación de la gente, no porque no crean que funcionen. Evidentemente, si tú sustituyes las calorías que ingieres en una comida normal (saludable) por un batido que tiene 200 kcal, adelgazarás. Parece una tontería, pero el hecho de perder peso es algo matemático, siempre y cuando no haya un problema de salud, o como es mi caso, un trastorno psicológico que hace que esto no sea tan sencillo como ingerir menos calorías de las que gastas para que haya un déficit calórico y puedas perder peso.

La teoría es sencilla, y creo que así, tal cual, solo les funciona a las personas que no tienen un TCA o una mala relación con la comida. Pero vamos, esto es una opinión personal.

Yo la teoría de adelgazar la conozco de toda la vida, pero la práctica es muy distinta, básicamente por el descontrol que supone. No sé si a ti te ha sucedido alguna vez. Yo a veces me pasaba todo un día tratando de controlar el impulso de atracón y de repente me lo estaba dando y no sé ni cómo. Realmente, creo que es parte del automatismo que te lleva a darte los atracones de forma sistemática sin que te plantees que en realidad lo que estás haciendo es malo para tu salud.

Un paso muy importante para mí, y que marcó un antes y un después dentro del proceso, fue darme cuenta. Tomar consciencia de lo que estaba haciendo.

TOMA
CONSCIENCIA
Y SÉ
CONSECUENTE

Como te decía antes, tomar consciencia de lo que estaba haciendo y no hacerlo de forma automática marcó un antes y un después en mi proceso. De hecho, os diría, que después de más de quince años dándome atracones, dejé de hacerlo cuando lo dije en voz alta, cuando lo hice real, cuando reconocí lo que estaba pasando y asumí que era algo que me estaba haciendo daño. Los TCA son enfermedades super solitarias y mentirosas y cuando la compartes se hace real.

Cuando sabes lo que estás haciendo, cuando dejas de hacerlo a escondidas, te haces cargo de lo que está pasando.

No lo sientas como una debilidad. Yo sentía que estaba haciendo algo malo cuando se lo reconocí a mi pareja. «Ves, tienes un problema, no eres tan fuerte como quieres aparentar», esta frase se repetía en mi cabeza sin parar antes de decírselo. Así de cruel es este trastorno que hace que te sientas mal simplemente por plantearte pedir ayuda.

He hablado con personas que están pasando por lo mismo y no han sido capaz de contarlo en años porque tenían familiares con otras enfermedades y sentían que lo que les sucedía no merecía darle importancia; estas personas luego han estado muy muy graves por problemas de bulimia y anorexia. Yo hablo del Trastorno por Atracón, pero estoy segura que esto es extrapolable a cualquier TCA o a cualquier adicción.

La cuestión es que creo que es importante tener consciencia, porque entonces, las decisiones que tomas las tomas tú y no el trastorno. Incluso si lo que decides es darte un atracón, creo que no es lo mismo hacerlo desde el automatismo que sabiendo lo que haces. También creo que es mucho más fácil frenar el impulso si lo estás reconociendo como tal y no solo dejándote llevar por el sentimiento que te genera. Tú controlas el impulso, no el impulso te controla a ti.

Yo hablo mucho de ser consecuente con las decisiones que tomas, porque siempre he sido muy poco consecuente. ¿Y qué quiero decir con esto?

Voy a poner un ejemplo:

Llegas a casa, estás sola, has tenido un día de mierda, abres la nevera y pese a que tienes comida saludable eres capaz de bajar a la calle para comprar un par de *pizzas* congeladas con tal de poder comer porque, ¡te lo has ganado!: «Que vaya día llevo aguantando a mi jefe, o a esas personas con sus comentarios malicioso», «el puto atasco que me ha tenido 45 minutos atrapada en el coche y ya no me da tiempo a hacer lo que había planeado»... Y te dices: «Bueno, compraré chocolate, pero solo para comerme un trocito y voy a comprar también una bolsa de patatas fritas, que luego vienen invitados y no tengo nada que darles».

Te comes la *pizza,* una tableta de chocolate, unas patatas y durante aproximadamente diez segundos te sientes feliz, porque lo que viene después ya lo conoces: «¿Cómo he podido comerme todo esto? Si no me hacía falta, y ahora me siento más frustrada y peor conmigo misma. Además, me duele la tripa y no he arreglado absolutamente nada».

¿Te suena?

Pues justo ahí es cuando entra en juego el ser consecuente. El primer paso es asumir por qué lo has hecho.

Ejercicio

PREGUNTAS CONSCIENTES

Puedes volver a este ejercicio cada vez que lo necesites, hazlo hasta que estas preguntas resuenen dentro de ti y no te hagan falta, pero si aún no se lo has dicho a nadie, si no lo has exteriorizado, escríbelo, te ayudará como guía.

Responde a estas preguntas. Te ayudarán a tener más conciencia sobre tus atracones y por lo tanto te ayudarán a ser más consecuente con las decisiones que tomes después.

¿POR QUÉ LO HE HECHO?

¿QUÉ ME HA LLEVADO AL IMPULSO?

¿CÓMO ME HE SENTIDO AL TERMINAR?

¿MI SITUACIÓN HA MEJORADO?

A mí, personalmente, este ejercicio me ha ayudado mucho a frenar el impulso del atracón ya que ser capaz de volver a la emoción o sentimiento que siento después de un atracón hace que sea capaz de frenarlo.

Una vez lo has hecho hay que asumir lo que ha pasado y dejarlo ir.

No te agarres al atracón, porque si no, eso envuelve tu vida poco a poco y solo vives entre el atracón y el atracón, y ¡la vida es mucho más que eso! Así que después de hacerlo, no te castigues, no te culpes, déjalo pasar, no te digo que lo obvies y actúes como si no hubiera pasado nada, no, porque eso forma parte de la mentira. Lo que digo es que asumas lo que acabas de hacer y sigas hacia delante. No estás echando por la borda nada. Cada día me encuentro con mensajes de personas que me dicen: «Hoy me he dado un atracón y eso me ha llevado a un bucle de atracones otra vez… total, ya lo había hecho mal».

Creo que eso es una excusa que nos ponemos para continuar haciéndolo sin remordimientos, y te lo digo porque yo la he utilizado y con esa actitud lo que conseguía era no ser ni consciente ni consecuente.

Cuando terminé el último atracón que me di simplemente pensé: «Es el último» y fue el último, porque se lo conté a mi pareja, porque asumí que había pasado y porque no había convertido el acto de darme el atracón en un arma para continuar haciéndome daño, después incluso del atracón.

No quiero decir que a ti te tenga que pasar así, cada persona tiene su proceso, sabe cómo se siente y sabe lo que le supone decir las cosas en voz alta. Para mí fue un acto super liberador y, generalmente, con las personas que he hablado del tema, siempre me han dicho que una vez que lo dijeron voz alta, también les fue todo mucho más fácil.

Así que, pregúntate:

¿QUÉ VOY A HACER AHORA?

*Responde con sinceridad. Te animo a que respondas a todas estas preguntas con lápiz, ya que las personas podemos cambiar, y las preguntas que respondas hoy de una manera, el día de mañana puedes responderlas de otra.

Hace poco, en una conversación muy interesante, alguien me hizo una reflexión que me dejó «patidifusa», de verdad. La persona en cuestión estaba hablando de las adicciones y de por qué las personas adictas a cualquier cosa (drogas, comida, sexo, alcohol...) lo hacen, aunque saben que es una conducta destructiva. Evidentemente, la persona que se está pinchando caballo, sabe que ese caballo la destruirá por dentro; sabe (como lo sabía yo con los atracones) que es una conducta autolesiva. ¿Entonces por qué lo hacen? ¿Por qué me daba yo atracones de comida sabiendo que me hacía daño? ¿Por qué no era capaz de parar?

Esta persona me dijo una frase que me dejó con los ojos vueltos: «Los adictos son adictos porque, aunque saben que se están haciendo daño, ese daño es menor al placer que sienten cuando lo hacen».

En serio, ¿no te parece una afirmación tremendamente dura? ¿Quiere eso decir que yo sacaba algo positivo de darme un atracón? ¿Que había algo que me compensaba el dolor que sentía después?

Pues, ¿sabes qué? En ese momento, sí. Y creo que una de las cosas que me ha ayudado a tenerlo controlado ahora mismo es que, en este momento que vivo ahora, no hay nada que pueda compensar lo bien que me siento al cuidarme y quererme. Ya sabes que yo tengo una mente algunas veces muy racional y algunas veces muy emocional, y a mi mente racional le gusta mucho cuestionarse. Así que un día me armé de valor y me pregunté a mí misma qué sacaba de los atracones, qué era lo que me ataba a ellos, qué sensación podía ser tan placentera como para que me compensara hacerlo.

Bueno, la verdad es que no tuve que hablar mucho conmigo misma, la realidad es que siempre había estado ahí. Era mucho más fácil comer y castigarme por haber comido que prestarle atención al resto de sentimientos que en ese momento sentía: miedo, ira, rabia... hasta la felicidad sentía que no me la merecía.

Quizá lo único que sentía que me merecía era hacerme yo daño para que los demás no me lo hicieran o si me lo hacían, ya venía yo de casa con la coraza puesta.

Así es mucho más fácil ir por la vida; no sentirte frágil y vulnerable por sentir emociones en ese momento me parecía una maravilla, ahora, siento a pecho abierto. Todo, lo bueno y lo malo.

Siempre he dicho que soy una persona sensible, y rápido decía «pero no frágil, flipo con la belleza de la naturaleza, de la música, pero ¡eh! soy una chica dura, y que sea sensible no significa que puedas hacerme daño». MEEEEEEEEC. Mentira, creo que durante mucho tiempo he sido de un cristal muy frágil por dentro. Pero ahora, he tomado consciencia de cómo soy: me eriza la piel el solecito del domingo, sufro, río, lloro y amo muy fuerte, y todo eso, aunque yo pensara durante mucho tiempo que era un defecto, es una virtud, porque eso me hace ser empática, porque eso hace que pueda ponerme rápidamente en la piel de la otra persona y eso me ha vuelto tolerante y respetuosa con cómo los demás viven su vida.

HAZTE RESPONSABLE, NO CULPABLE

Es super importante para mí este punto del libro porque durante mucho tiempo yo solo sentía culpabilidad; me sentía culpable de tomarme una dieta en serio, me sentía culpable de no ser capaz de hacer deporte con asiduidad, o simplemente por moverme un poco. También me sentía culpable de mentir a mis seres queridos... culpa, culpa, culpa y más culpa. Pero ahí se terminaba, o empezaba, porque la culpabilidad me llevaba de nuevo a otro atracón. Cuando tomé consciencia de lo que estaba pasando cambié la culpabilidad por la responsabilidad.

Sí, me he dado un atracón, pero en vez de sentirme culpable voy a sentirme responsable. Voy a asumir lo que ha pasado y voy a trabajar para que esto no vuelva a pasar, o por lo menos, si vuelve a pasar que sea desde un punto totalmente consciente y consecuente.

¿Ves el cambio de discurso? En mi proceso fue importantísimo cambiar estas pequeñas cosas, cambiar el tono en el que me hablo, el tono en el que me refiero a mí misma, cómo me juzgo a mí misma, todas estas pequeñas cosas que he cambiado del léxico me han ayudado a dejar de ser tan dura conmigo misma.

La culpa es una actitud que te lleva a emociones y apreciaciones de ti mismo de forma negativa y, desde un punto de vista donde emocionalmente te infravaloras, sin embargo, la responsabilidad se siente y se enfrenta desde una visión donde asumes tus actos y tienes predisposición para solventarlo.

Hace un tiempo leí una frase que no recuerdo de quién era, pero decía algo así: «La responsabilidad mira hacia el presente y hacia el futuro, la culpa hacia el pasado».

Cuando la asimilé me di cuenta de la razón que tenía esta frase. Si solo vives en el pasado nunca vas a avanzar, nunca vas a ser capaz de ver hasta dónde puedes llegar, porque siempre vas a estar en otro punto que no es el ahora, sin embargo, si decides ser responsable, estás tomando decisiones basadas en el ahora y en el futuro, y eso te va a permitir ser capaz de visualizar dónde quieres llegar.

Yo lo he aplicado al cambio de hábitos y lo he enfocado en la recuperación de mi TCA, pero es aplicable a cualquier circunstancia de la vida: a las relaciones, al trabajo... a la forma en la que vives tu vida, en definitiva. Si decides vivirla mirando hacia delante o hacia detrás.

Ejercicio

RESPONSABILIDAD VS CULPA

Escribe aquí dos cosas de las que te sientas culpable e intenta transformarlas en cosas de las que te haces responsable.

Ejemplo:

CULPA:

Me siento culpable por comer mucha comida basura.

RESPONSABILIDAD:

Me hago responsable de comer más verdura y fruta en mi día a día.

CULPA:

RESPONSABILIDAD:

ERES CAPAZ, SOLO NECESITAS ESTAR EN EL MOMENTO ADECUADO

Muchas personas me preguntan cómo puede ser que, si hacen lo mismo que yo, no consigan perder peso o perder algunos kilos. Siempre me quedo estupefacta cuando me preguntan esto, porque me parece que lo que están haciendo es compararse y eso es muy tóxico.

Como ya he explicado más arriba, no tienes que compararte con nadie, tienes que seguir tu proceso.

Es cierto que, muchas veces, nos obsesionamos por querer algo ahora, en este momento, cuando quizá, lo que tienes que hacer es plantearte otras cosas y luego focalizarte en tu objetivo.

Me explico: tú puedes querer perder peso, tenerlo muy claro, saber que lo quieres, y luego ponerte a dieta y no perder ni un gramo. Esto es muy muy frustrante, pero ¿y si en vez de centrarte en perder peso no buscas el origen de por qué engordas? Siempre teniendo claro que no existe ninguna enfermedad de base, que hablamos de personas sanas que engordan porque comen. Sin más.

En mi caso, me ha llevado mucho tiempo darme cuenta de que yo no necesitaba una dieta. Lo que necesitaba era saber por qué comía compulsivamente, ya que esto es lo que me hizo llegar a la obesidad mórbida.

Tenía que buscar el origen de esos impulsos y aprender a sanarlo. El resto viene prácticamente solo. La pérdida de peso debería ser la consecuencia de tener una vida más equilibrada, y aunque parezca mentira, es así. Solo con que reduzcas los procesados que comes y que dejes de comer azúcar refinado tu cuerpo va a cambiar.

Os lo he contado alguna vez en mis redes sociales: una de las cosas más difíciles de todo este proceso ha sido sacar de mi vida completamente el azúcar. Recuerdo que pasé dos semanas con mareos, ganas de llorar todo el tiempo, mal humor, mal sabor de boca… incluso fui a mi enfermero a decirle que pensaba que tenía depresión porque mi estado de ánimo no era normal. Me considero una persona bastante risueña y feliz, pero te juro que me subía por las paredes, del mal humor y de la mezcla de los otros síntomas. Cuando le conté todo mi «drama» a Alex, me dijo: «Ay amiga, lo que tienes tú es el mono del azúcar».

Flipé. No tenía ni idea de que esto pudiera ser, cuando además yo tampoco comía tanto azúcar (que fuera consciente). Pues bueno, pasé así dos semanas y finalmente se me acabó pasando. Ahora intento no tomar nada de azúcar, pero cuando tomo porque no hay más remedio, tendrías que verme…

Es cierto que si quieres perder mucho peso, tienes que acompañar todo esto con una dieta hipocalórica, al final, adelgazar como tal es algo matemático. Pero como siempre os digo: tienes que encontrar tu momento.

Hace poco hablaba con una amiga que está iniciando su proceso, me contó que había pasado una semana con mucha ansiedad y algún atracón, yo le dije que no le diera más importancia, que lo siguiera intentando, pero que si quería podía contarme cómo se sentía al respecto.

Ella me contó que está pasando un momento familiar muy complicado, una enfermedad en casa muy larga, que tenía problemas en el trabajo y que no se sentía muy bien en su relación. Yo me quedé mirándola y le dije: «¿Y aún se te ocurre, con todo eso encima, exigirte hacer deporte a diario y comer de una forma no emocional?»

Ella se quedó asombrada y me dijo que no se había dado cuenta de lo dura que estaba siendo con ella misma.

Eso es lo que te quiero decir. Quizá estás en un momento de tu vida en el que tienes que priorizar otras cosas. Soy de las que piensan que la salud es lo primero, pero ojo, la salud mental también, y quizá ahora, lo que necesitas es poner en orden todas esas emociones y, luego, ponerte con lo otro.

Si estás aquí es que posiblemente seas comedora emocional, y que las emociones que sientes te sirvan de medida para lo que comes. Si es así y estás cargada de una mochila de emociones creo que lo más importante es que trates de escuchar y ordenar todas esas emociones; seguramente lo demás vendrá después. Si comes por la noche compulsivamente porque tienes un trabajo que no te hace feliz, o una situación vital que no te acompaña, céntrate en trabajar eso primero, porque seguramente los atracones se reducirán. Tienes que buscar el centro de lo que te provoca todo eso, y te recomiendo que para eso te acompañes de un profesional, que busques ayuda. Hay personas muy preparadas que te pueden servir de guía.

LO QUE NECESITAS LO TIENES DENTRO

Yo siempre digo que todo lo que necesitas lo tienes dentro, solo que necesitas estar en el momento adecuado para dejarlo salir, para poder verlo.

Si tienes muchas cosas que no te dejan ser, que no te dejan sentir, es difícil (pero no imposible) que puedas ver lo capaz, lo valiente fuerte e increíble que eres, porque créeme, aunque tú no te lo creas ahora mismo, lo eres.

Así que este es el mejor consejo que te puedo dar: escúchate, pero de una forma sincera y honesta y, sobre todo, si no encuentras lo que necesitas, pero sientes que es el momento, pide ayuda y acude a un profesional que te pueda guiar, porque puedes tener todas las ganas del mundo, pero no saber por dónde empezar.

Incluso yo, que ya había hecho todas las dietas habidas y por haber, necesité acudir a alguien, necesité a Alex, porque para mí era importante tener que ir a «darle cuentas» a alguien, básicamente porque cada uno tiene un rasero para medirse y ser permisivo. Lo que comenzaba con un «solo uno» acababa en atracón y en un «mañana empiezo».

Siendo realistas, no pasa nada si en medio de tu proceso un día recaes, de recaer también se aprende, pero si te soy completamente honesta, haciéndolo por mi cuenta vivía permanentemente en un «mañana empiezo». Así que, aun conociendo todas las pautas recomendadas para perder peso de una forma saludable cuando no tenía ninguna enfermedad o desajuste hormonal, era incapaz de llevarlo a cabo. No por falta de ganas, sino porque engañarse a uno mismo es muy sencillo.

No siento ninguna vergüenza ni tengo ningún problema en decir que el proceso no lo hice sola. Admiro mucho a las personas que lo consiguen solas; creo que dice muchísimo de lo luchadora que es esa persona. Pero yo me siento igual de luchadora. Alex me acompañó, me dio pautas nutricionales, pero al final, la decisión estaba en mi mano y la que se ha enfrentado a todos los miedos, las inseguridades, la pereza, el impulso de comer compulsivamente... he sido yo. Así que, estando infinitamente agradecida a las personas que me han acompañado, también lo estoy a mí misma.

Hace poco me preguntaron si me avergonzaba de la persona que era, de haberme descuidado tanto, de haberme dejado llegar hasta ahí... ¡hacía tiempo que un comentario no me dolía tanto!

Esa persona despreció muchísimo la persona que yo era antes. ¿Cómo que me había abandonado tanto? ¿Esta persona no entendía el proceso por el que estaba pasando? ¿Podría ser que esta persona simplemente fuera idiota? Pues sí, podría ser. Yo, con el humor un poco ácido que me caracteriza, le dije que dejara de faltarme al respeto, que esa Mai de la que hablaba era la INCREÍBLE MUJER que me había traído hasta el punto que estoy ahora; que no se olvidara que esa tía de 114 kg era la que había tenido la energía, la fuerza y las ganas de enfrentarse a todo lo que no la hacía sentir bien, y que le invitaba a no volver a separar la persona obesa de la persona delgada, porque al final, estar delgado o gordo es algo circunstancial.

Bueno, ahora creo que ya no somos amigas. ¡Un lastre menos! Ya no voy a dejar que invaliden a la persona que era antes solo porque estaba gorda. Faltaría más. Ya me he invalidado yo demasiado tiempo.

Otra cosa que he aprendido durante este proceso es que insultarme a mí misma es mucho peor que lo hagan los demás.

¿Que qué quiero decir? Te pongo en situación y seguro que me entiendes. Cuando estaba gorda y estaba con un grupo de gente que no conocía, me apresuraba a hacer una broma sobre mi peso porque pensaba que, si yo demostraba que este tipo de bromas no me hacían daño, me pondría en un lugar de poder frente a una posible burla. Esto siempre suele hacer gracia: «Mira la gorda esta que se acepta. Si me lo digo yo ya no me pueden hacer daño», pensaba. Ahora me doy cuenta de que no, que aunque me lo dijera yo, me dolía, y me dolía mucho, porque era yo misma la que le daba la connotación negativa a la palabra gorda, que al final es eso lo que ofende, porque si estás objetivamente gordo, que te llamen gordo como adjetivo no es un insulto, el insulto es cuando lo hacen con desprecio.

Hace poco vi un documental increíble sobre una humorista llamada Hannah Gadsby, que ha hecho un monólogo llamado *Nanette,* que es absolutamente increíble. Te recomiendo que vayas a verlo, porque en él habla de cómo va a dejar de hacer humor a su costa. Ella es lesbiana y explica que ha estado utilizando el humor para reírse de esta condición, que se había dado cuenta de eso y que no quiere hacerlo nunca más.

Pues algo así me pasa a mí. Jamás voy a volver a utilizar la palabra gorda como algo despectivo, ni hacia mí ni hacia nadie. Porque ya lo hice, porque he sido muy muy cruel y es algo que no quiero hacer más. Ahora solo me preocupa cuidar de mí.

ME PRESENTO, ME CONOZCO

Es hora de empezar a hablar bien de ti misma, así que quiero que escribas aquí debajo tres cualidades tuyas, esas tres cualidades (o todas las que quieras) que te definen. Si tuvieras que explicarle a alguien que no te conoce qué es lo mejor de ti misma, ¿cómo empezarías?

Por ejemplo:

Soy Mai y soy una persona empática, alegre y optimista.

Ahora tú, dime (a ti más que a mi) cómo eres.

-
-
-
-
-
-
-
-
-

MI NUEVA RELACIÓN CON LA COMIDA. DISFRUTA

Este es un tema que me interesa mucho porque para mí reconciliarme con la comida ha sido fundamental para que este cambio de hábitos, este proceso, sea algo duradero en el tiempo. Como ya te he dicho antes, para mí la comida ha sido una herramienta para hacerme daño y en algunas épocas he pensado que sería super fácil si alguien me diera la comida del tipo astronauta, una pastilla insípida que hiciera que no tuviera que enfrentarme a la mesa llena nunca más. Luego se me pasa, porque pienso que es una actitud cobarde; no enfrentarme a los problemas, no es mi estilo. Lo hago con miedo y angustia, pero lo hago. Así que decidí que era hora de enamorarme de la cocina, de los sabores, y comencé a cocinar feliz y bonito. Sí, sí como lees, cocinar feliz. Aprender que hay alimentos que me ponen de buen humor, que preparar comida rica para las personas que quiero o ir a comprarla, me hace mucho bien. Porque por fin estoy aprendiendo que la comida tiene que nutrirme, construirme y no destruirme.

LA COMIDA TIENE QUE NUTRIRME, CONSTRUIRME Y NO DESTRUIRME

Para mi proceso ha sido super importante, lo primero porque me da la sensación de que realmente tengo yo el control de lo que como y no que la comida es la que controla mis impulsos. Escoger la receta, buscar buenos ingredientes, ver el resultado de lo que he querido cocinar... La verdad es que es un proceso que actualmente me hace muy feliz y además me recuerda que la comida es algo maravilloso y que la connotación negativa que siempre ha tenido para mí es simplemente la importancia que yo le doy.

Siempre me ha relajado cocinar. Si le preguntas a cualquier persona de mi entorno hace unos años te dirá que siempre he sido la anfitriona perfecta; me encantaba cocinar para mucha gente. Ahora, con la perspectiva que solo te da el tiempo, me he dado cuenta de que ser tan solícita cocinando o tan complaciente venía dado por la necesidad que tenía de controlar lo que comía, y para que nos vamos a engañar, es muy sencillo comer mientras cocinas y cuando es la hora de comer delante de la gente decir: «Es que cocinar me quita el hambre». No, lo que me quitaba el hambre era cocinar una *pizza* y comerme el equivalente en ingredientes mientras la cocinaba. Cuántas veces habré dicho: «¡Sal de mi cocina!», por miedo a que descubrieran que había hecho uno nachos y yo me había comido la otra bolsa. O cuántas veces he cocinado simplemente por ansiedad. Siempre he sido de las que llevan bizcochos al trabajo, nunca iba con las manos vacías a casa de algún amigo, siempre estaba dispuesta a cocinar para todos, y ojo, no digo que todas las personas que lo hacen lo hagan para poder comer compulsivamente, ni mucho menos, pero para mí era la excusa perfecta. Pero te puedo asegurar que es muy cansado y pesado estar siempre así, siempre planeando en torno a la comida. No poder disfrutar de lo que es, del acto de amor que implica comer buenos alimentos, de lo importante que es nutrirse.

Ahora disfruto de buscar recetas sanas que me aporten la buena gasolina que mi cuerpo necesita, de probar cosas nuevas, de reconocer los sabores, de acostumbrar mi paladar al dulce de verdad y no a todos esos azúcares ultraprocesados a los que era adicta.

Es mucho más fácil ir a una cafetería y no estar pendiente de cuántos *croissants* me comería del aparador que de la conversación con mis amigas. Porque, amiga, esto es lo que me pasaba, estaba más tiempo pendiente del pastel de galleta que tenían que lo que mis amigas me podían estar explicando. Solo por eso, solamente por dejar de estar pendiente de la comida que me rodea, no por hambre, sino porque estaban ahí.

¿No te ha pasado nunca que si sabes que tienes chocolate, galletas, o vete tú a saber qué, en casa, en la despensa, no puedes parar de pensar en ellos? ¿Que hasta que no te lo terminas no te quedas tranquila? A mí me pasaba continuamente, y aun hoy, en los días malos sé que si tuviera galletas en casa es muy posible que sintiera una tentación enorme de comérmelas. Por eso, uno de mis trucos es no tenerlo en casa; si no está, no me llama. Antes hubiera bajado a buscarlo, seguro, pero ahora tengo mucha más capacidad de controlar mis impulsos y ni me planteo bajar.

Es un proceso largo y no es nada fácil llegar hasta este punto, no te voy a mentir, pero creo que es importante saberlo para no ver el proceso de cambio de hábitos como algo limitante, porque si lo ves de una forma limitante siempre va a ser una carga para ti; tienes que verlo de una forma que te aporte. A mí me costó asumir que tengo una personalidad adictiva, me pasó con la comida, me pasó con relaciones tóxicas de las que no podía desprenderme por miedo al rechazo y me ha pasado en muchos otros momentos de la vida. Asumir que soy así, que es un rasgo de mi personalidad ha sido duro, pero liberador. Siempre te digo que tener consciencia, tanto de lo bueno como de lo malo, libera mucho.

Ahora que ya sé que mi personalidad es así, que soy así, ¿por qué no utilizo esto, con consciencia, en mi beneficio? ¿Por qué no utilizo la facilidad con la que me «engancho» a las cosas para tener adherencia al deporte? Realmente no sé si esto ha tenido que ver o no, o simplemente me he «enganchado» a la mezcla de endorfinas y serotonina que me deja en el cuerpo después de una sesión de deporte, en cualquier caso, creo que esto ha jugado a mi favor. Y es importante jugar bien tus cartas. Convierte en fortalezas tus debilidades.

CUESTIONA TODO LO QUE SABES, TODO LO QUE TE HAN DICHO Y BUSCA TU CAMINO

Llegados a esta parte del libro me gustaría invitarte a que te cuestiones todo lo que sabes, todo lo que te han enseñado de nutrición, todo lo que crees sobre ti misma, todo lo que los demás creen sobre ti, todas las veces que te han dicho «come tal cosa para adelgazar», «tienes que hacer aquello para estar en forma», «si sigues esta dieta seguro que adelgazas», «no comas hidratos de carbono por la noche», «la fruta es mala»… y todas esas cosas que, al igual que yo, has escuchado un millón de veces. Lo primero porque son generalidades y no puedes basar tu diera o tu estilo de vida en una generalidad y lo segundo porque las personas que dicen estas cosas no te conocen y no saben lo que tú necesitas. Busca un buen profesional con el que conectes, y si tienes que cambiar de nutricionista, lo haces, no pasa nada.

No siempre se conecta con las personas. Yo creo que después de pasar por más de cincuenta nutricionistas a lo largo de mi vida solo he conseguido conectar con Alex, y eso no significa que seas un mal paciente o que «no tienes ganas de cambiar», significa que esa persona no cubre todas las necesidades que una persona necesita para hacer el cambio de hábitos.

Quizá esa persona es demasiado flexible y tú necesitas alguien más estricto, o todo lo contrario, quizá necesitas alguien más permisivo porque tú ya eres suficiente dura contigo misma, pero no te sientas una fracasada por no estar a gusto con un profesional.

Hace unos años mis padres me llevaron a un nutricionista que aparte hacía acupuntura para controlar la ansiedad que sentía. La primera sesión fue rarísima, yo me esforcé, porque cuando te encuentras en un momento de desesperación pruebas lo que quieras. Incluso llegué a probar esa marca de batidos tan famosa por estafar con una estructura piramidal (no voy a decir el nombre de la empresa por precaución, pero sé que sabes a cuál me refiero). Lo cierto es que allí estaba yo en la camilla, con un montón de agujas por todo el cuerpo y teniendo ganas de salir corriendo porque lo que estaba pasando es que me estaba poniendo más nerviosa que calmándome. ¿Quiere eso decir que la acupuntura no va a ayudar a nadie? Claro que no, quiere decir que a MÍ no me funciono en ese momento de mi vida, quizá si ahora la probara otra vez me fuera bien. Quién sabe. Eso sí, por favor, y en esto soy absolutamente tajante, que no te vendan dietas milagro, porque no existen. ¿O acaso no crees que si existieran, las personas que sufren por su peso no las harían, por mucho dinero que valiesen? Pues eso. Duda de todo, pero que no te engañen. Encuentra lo que te funciona, prueba, equivócate… no pasa nada.

¿SOY MÁS FELIZ AHORA?

Esto es algo que me han preguntado muchísimo: ¿Cómo me siento ahora? Si ahora que estoy normativamente delgada soy más feliz que antes. La verdad, sí y no.

Pero déjame que te lo explique, y te voy a explicar primero el no. No es que no sea más feliz, pero no te voy a engañar y decir que durante mucho tiempo no asocié estar más delgada con ser más feliz. «Cuando sea delgada podré hacer... [inserta aquí cualquier cosa que quieras, en mi caso... pensaba desde ponerme el vestido que me gusta y no en el que quepo, a ligar más o a tener el trabajo de mis sueños]».

Basas toda tu vida, tus pilares, en eso, en el «cuando», ese cuando que no te permite ser feliz ahora, que no te permite disfrutar de lo que estás viviendo, ese cuando te condiciona, ese cuando no te deja crecer, no te deja hacer nada. Me mantenía en una zona de *confort*, dolorosa, sí, pero una zona segura, una posición que ya conocía. Porque como te he dicho antes, lo bueno de estar allí, es que daba menos miedo que ponerme en una posición donde, quizá, yo no tenía el control.

Cuando antes os contaba que los adictos son adictos porque hay algo de la adicción que les da suficiente «placer» como para no dejarlo, te diré que en mi caso eran los sentimientos, aunque negativos, que ya conocía. El simple hecho de escucharme, al tener tanto miedo a enfrentarme a lo que sabía, iba a remover todos los cimientos de mi vida.

Yo tardé en darme cuenta de todo eso el día que mi cuerpo «serrano» entraba en una talla común de cualquier tienda y no fui objetivamente más feliz. Me di cuenta de que mis problemas seguían ahí. El odio hacia mi cuerpo seguía en el mismo sitio, los atracones eran mucho menos frecuentes, pero seguían apareciendo. Me sentía en el fango, solo que ahora entraba en un pantalón de la 38. Pues vaya. Vaya timo. Todo eso pensado en los dos segundos que tardas en abotonarte un pantalón y mirarte en el espejo.

La felicidad asociada a la delgadez es algo que nos han impuesto socialmente. Las personas que triunfan (o que nos enseñan que triunfan) son delgadas. Mira las modelos que vida más idílica llevan (aprecia la ironía). Así que acabas creyéndote que cuando estés delgada todo irá mejor. Y no, amiga, no depende de tu peso lo feliz que seas. Puedes ser un ser totalmente gris e infeliz pesando 60 kg o pesando 100 kg.

Pero tampoco voy a mentirte y decirte que no ha cambiado mi vida en muchos aspectos, pero como ya te he ido contando aquí, eso no depende de mi peso: es otra consecuencia de escucharme y de coger las riendas y la responsabilidad de mi vida.

Tomar decisiones que me benefician lleva intrínseco ser más feliz. Cuando antes anteponía el problema de una amiga por encima de lo que a mí me apetecía hacer, o ponía buena cara cuando hacía algo que no me apetecía, o simplemente cuando dejaba que la comida dirigiera mi vida, eso de forma natural me llevaba a sentirme más infeliz. Si las conductas que tenía conmigo misma eran dañinas, ¿cómo no iba a estar triste y amargada? Pero eso no tiene que ver con mi peso, tiene que ver con cómo gestionaba las emociones y con cómo me relacionaba con la comida.

Ahora cómo me siento y si soy más feliz o no, no tienen que ver con lo que peso, sino en cómo me trato.

Es cierto que en algunos aspectos hay cosas que han mejorado: al ganar calidad de vida, por ejemplo, al poder subir las escaleras de mi casa del tirón, al hacer una excursión y no sentir que todo el grupo tira de mí, al ir de compras y no llorar en los probadores cada vez que algo no me entra, al ir por la calle y que algún idiota ya no me insultara por la calle... Sí, soy menos infeliz. Eso es así.

Pero esto no son cosas mías, es cosa de cómo la sociedad te juzga y te clasifica por tu apariencia física y no por lo que vales. En ese sentido mi existencia es mucho más «feliz», porque entro en los cánones, ya no me señalan por no ser normativa... o no al menos por estar gorda, porque si te quieren señalar y utilizar tu apariencia física para hablar de tu persona da lo mismo que sea por gorda, por delgada, por llevar el pelo corto o largo o porque ceceas al hablar.

También es verdad que tener el TCA bajo control hace que me sienta mucho mejor, porque el bucle de autodesprecio, atracón y culpa te hace vivir en un desasosiego constante. Es muy liberador no tener que vivir ahí más. Aunque vuelva a recaer, ahora mismo creo que lo gestionaría diferente porque lo vivo desde la consciencia.

Vivo mucho menos «amargada» porque ya no tengo que mentir a todo el mundo sobre la comida, ya no tengo que ir corriendo a casa a las horas que estoy sola para comer a escondidas, ya no tengo que justificar el dinero que me gasto en comida, ya no tengo que llevar esa doble vida que sentía que llevaba y ¡eso es muy liberador!... eso sí me hace sentir felicidad.

Así pues, soy más feliz estando delgada, ¿no? Soy menos infeliz porque he dejado de hacerme daño. Es lógico, ¿verdad?

Tengo una buena amiga que hace unos años pasó por un proceso parecido. Ella se hizo una reducción de estómago, pero nunca pasó por un psicólogo, ni por un terapeuta, así que cuando consiguió perder los casi 80 kilos que le sobraban, enfermó de una depresión super dura que la sumió en una época muy difícil que terminó en obesidad otra vez. ¿Por qué?, dirás tú. ¡Con lo complicado que es pasar por una reducción de estómago, y con el post operatorio tan duro que pasó!... Pues básicamente porque le redujeron el estómago, sí. Pero no profundizaron en el porqué de su obesidad mórbida, porque nadie le enseñó que la comida no es la salida para controlar sus emociones. ¿Y qué pasó? Que vio que continuaba refugiándose en la comida (aunque su estómago podía contener mucha menos comida), que sus problemas de amor propio no se habían solucionado estando «delgada» y empezó a comer compulsivamente otra vez, empezó a darse atracones de nuevo y ya te imaginas como acabó el asunto. Hay personas que creen que la reducción de estómago es la salida fácil, y os puedo asegurar por amigas que han pasado por ahí y me han contado sus experiencias que no es para nada una opción fácil.

Hoy esta amiga se encuentra muy bien, ha vuelto a adelgazar unos 60 kg y está tratándose los atracones con profesionales. Ahora cuando la veo, cuando tomamos café, siento que sí está recuperándose, que está saliendo del bucle destructivo en el que se encontraba y me siento muy orgullosa de ella. Lo que ha hecho es infinitamente valiente.

**SOY MENOS INFELIZ PORQUE HE
DEJADO DE HACERME DAÑO CON LA COMIDA,
NO POR ESTAR MÁS DELGADA**

Por lo tanto, me gustaría darte un consejo: si tú quieres adelgazar para ser más feliz, no lo hagas, bueno, sí, hazlo, pero trata de encontrar qué es lo que te produce esa infelicidad, porque quizá te sorprendas, Y cuando solucionas o pones en orden todas esas cosas que no te dejan vivir con plenitud te das cuenta que el peso varía solo (no solo, sino por la estabilidad que te da tener una buena salud mental); te ves con más energía, ánimo y fuerza para cambiar esos hábitos tóxicos que están dirigiendo tu vida.

Si me preguntas cuál es la clave de mi proceso, que supongo que te lo debes de haber preguntado, te diré que para mí la clave de todo esto se puede reducir en tres puntos muy sencillos (pero con matices):

• **Esfuerzo:** Nada llega solo. De verdad, ten claro que en esta vida las cosas que merecen la pena suponen un esfuerzo. Y hay que reconocer que hoy en día vivimos en una sociedad poco dada a esforzarse, lo queremos todo ya, ahora, rápido y fácil. Por eso es tan importante el siguiente punto.

• **Paciencia:** Sí, amiga, la paciencia, porque si uno de los pilares es el esfuerzo, otro vital es la paciencia, básicamente porque el esfuerzo necesita ser regado con paciencia. ¿Verdad que si plantas una semilla no germina y aparece una flor enseguida? Necesitas paciencia, sol, agua y buenos alimentos para crecer fuerte y bonita. Pues tú necesitas lo mismo, regarte con cosas que te nutran, pero no solo con alimentos, sino que la buena nutrición emocional es esencial.

• **Amor:** Poco he hablado de lo importante que es el amor en todo este proceso. El amor propio es el motor para que esto salga bien. Lo he dicho más de una vez, pero te lo repito una vez más: que el cambio nazca del amor, de las ganas de quererte, de las ganas de cuidarte... no lo hagas desde el odio. El odio lleva al lado oscuro y allí no hay nada que te vaya a hacer sentir mejor, así que hagas lo que hagas, hazlo desde el amor más profundo. Si eres una persona cuidadora, como yo, cuídate como si estuvieras cuidado a la persona que más quieres de este mundo y al final te darás cuenta de que tienes que hacerlo por ti, porque tú eres el amor de tu vida, nadie nunca te va a querer como te puedes querer tú. Guárdate los mejores mimos, las mejores palabras, las mejores caricias para ti. No es ser egoísta, se trata de autocuidados, porque nos han enseñado muy bien a cuidar de los demás y muy poco a cuidar de nosotras mismas.

Enamorarte del proceso y enamorarte de ti misma

¿Y AHORA QUÉ?

La verdad es que ahora me encuentro en un momento muy bonito, duro, sí, pero muy bonito. Y no hablo desde la «recuperación», porque ya sabes lo que pienso sobre estar recuperada, pero sí que es cierto que estoy aprendiendo a disfrutar incluso lo días malos. Sí, sí, disfrutar. No es que me encante, evidentemente, pero el tiempo me ha enseñado que aprendo más de mí misma en los días malos que en los días buenos. Por lo tanto, cada día malo sigo aprendiendo a escucharme, a conocerme y a replantearme mis pensamientos y mis creencias.

Realmente no soy la misma persona que cuando comencé el proceso, ni siquiera sé si soy la misma que cuando comencé a escribir este libro, o sí, quizá siempre he sido así, pero ahora me estoy dejando sentir, me estoy dejando ser, y esto es algo nuevo para mí.

Sigo teniendo días complicados, pero la realidad es que la mayoría no lo son. Aún me enfrento a las ganas de comer compulsivamente de vez en cuando, y hay días malos donde aún me hablo con desprecio o soy demasiado dura y exigente conmigo misma, pero ¿sabes qué? Que si he estado tantos años haciéndome daño, menospreciando quien soy, ¿cómo pretendo cambiar esto en tan poco tiempo? ¿No sería más justo darme, como mínimo, el mismo tiempo que invertir en odiarme en aprender a amarme?

Creo que esto es un camino que comenzó el 18 de septiembre de 2015 y que no acaba. Cada día siento que aprendo algo nuevo, de mí, de la vida, del deporte, de los que merodean, y tengo ganas de seguir por ese camino, que seguro tiene luces y sombras, pero te aseguro que hoy en día abundan mucho más los días soleados.

Siento que adelgazar los 51 kg ha sido la consecuencia de comenzar a quitarme capas, no solo de grasa, sino también metafóricas, que me alejaban de los demás, de mí misma, de mi entorno y del camino que yo quería tomar en la vida.

No sé hacia donde iré, pero tengo ganas de averiguarlo, de equivocarme si hace falta y de compartirlo contigo. Porque tenerte aquí a mí también me ha hecho mejor persona, porque conocer las historias que hay detrás de personas que están pasando por lo mismo que tú te hace sentir acompañada, reconfortada, segura, y quizá lo único que necesitamos es no volver a sentir la soledad que produce comer compulsivamente, o simplemente lo sola que te sientes cuando crees (y vives) que tu peso, tu aspecto físico, te definen como la persona que eres.

Y amiga, sí, sí, amiga, porque llegados a este punto del libro sabes ya tanto de mí como una buena amiga, que no se te olvide que no estás sola, que puedes conseguir lo que te propongas si lo sientes de verdad y que nadie más que tú tiene las riendas de tu vida y de tus decisiones. No dejes nunca más en manos de otra persona las decisiones importantes de tu vida, porque si salen mal no podrás pedir cuentas a nadie, pero si te haces responsable y las cosas no salen como esperabas tendrás las herramientas y el conocimiento para cambiar aquello que no te gusta, siempre y cuando lo hagas por ti misma. Mientras tanto, ahora, en este momento, te quiero decir que

Ya eres maravillosa

BIBLIOGRAFIA TÉRMINOS ESPECIFICOS

http://www.acab.org/es/que-son-los-trastornos-de-la-conducta-alimentaria/trastorno-por-atracon

https://www.webconsultas.com/dieta-y-nutricion/dieta-equilibrada/que-es-el-mindful-eating

AGRADECIMIENTOS

A Isa, Quico, Pablo, Rosa y Josep, mi familia.
A Cristina, Noelia, Salva y Manel,
por aguantarme cuando peor estaba.

A Irene, por enseñarme cuánto puede
unir un sentimiento común.

Alex, gracias, por tanto.

Gracias a todas las chicas y chicos de
@entretallas, por hacer que sea un
espacio bonito, seguro y del que me siento
profundamente orgullosa. Este libro es vuestro.

A mi querida Isabel, la mejor editora posible
que me ha sostenido cuando no entendía que
podía hacer yo aquí. Gracias Isa.

A cada persona que me ha
traído hasta aquí.

#osputoquiero